ET JÉSUS...
DANS NOTRE VIE?

Réflexions
spirituelles et pastorales

Jules Beaulac

Éditions Paulines & Médiaspaul

Les récits et personnages décrits dans ce livre sont fictifs quoique parfois inspirés de la réalité.

Composition et mise en page: *Les Éditions Paulines*

Photos: *Jules Beaulac*

Maquette de la couverture: *Jean-Pierre Normand*

ISBN 2-89039-470-0

Dépôt légal — 4e trimestre 1990
Bibliothèque nationale du Québec
Bibliothèque nationale du Canada

© Jules Beaulac

© 1990 Les Éditions Paulines
     3965, boul. Henri-Bourassa Est
     Montréal, QC, H1H 1L1

     Médiaspaul
     8, rue Madame
     75006 Paris

Introduction

«Pour vous, qui suis-je?»

Un jour, comme il le faisait sans doute quotidiennement, Jésus eut une conversation avec ses apôtres. Il leur demanda ce que les gens disaient de lui. Ils lui répondirent que certains le prenaient pour Jean-Baptiste, d'autres pour Élie, d'autres encore pour un prophète.

Mais Jésus poussa plus loin l'interrogation: «Pour vous, leur demanda-t-il, qui suis-je?» Pierre prit la parole et dit au nom de tous: «Tu es le Messie» (*Marc 8, 27-30*).

Voilà bien en effet la question! «Pour toi, pour moi, pour nous, qui est Jésus?» Est-il quelqu'un à qui je me réfère régulièrement, qui éclaire ma vie, qui est mon compagnon de voyage... ou bien est-il une sorte de personnage du passé réfugié dans les musées de l'histoire et qui somme toute n'a aucune influence sur ma vie?

Qui est-il pour moi ce Jésus? Un grand absent de mon existence ou quelqu'un qui remplit la quotidienneté de ma vie? Un illustre inconnu ou quelqu'un qui donne du souffle à ce que je vis?

«Avec Jésus, qu'est-ce que tu vis?»

Durant tout un week-end, le Père André Sève était allé au monastère de Taizé animer un «happening» de jeunes. Dès le début de la rencontre, le Père crut bon de s'excuser de son âge avancé. Vous comprenez: il y a tout un monde entre un septuagénaire et de jeunes frimousses de vingt ans!

Mais les jeunes justement l'interrompirent rapidement: «Ton âge, lui dirent-ils, ça ne nous intéresse pas. Ce que nous voulons savoir, c'est ceci: avec Jésus, qu'est-ce que tu vis?» Voilà ce qui importait pour ces jeunes chez cet homme de Dieu. Ils passèrent la fin de semaine à échanger sur leur expérience de Jésus. Si bien que le Père Sève en écrivit même un livre par la suite qui porte précisément ce titre: «Avec Jésus, qu'est-ce que tu vis?» (*Centurion 1978*).

Et toi, jeune ou adulte, célibataire ou marié, parent ou enfant, prêtre ou laïc, malade ou en santé, avec Jésus vis-tu quelque chose? Et toi, communauté religieuse ou paroissiale, famille ou Église diocésaine, qu'est-ce que tu vis avec Jésus?

N'est-ce pas là la vraie question?

SOMMAIRE

PREMIÈRE PARTIE

PORTER DU FRUIT

«C'est la gloire de mon Père
que vous portiez beaucoup de fruit»

Jean 15, 8

«*Je suis la vraie vigne*
et mon Père est le vigneron.
Chaque rameau qui, en moi, ne porte pas de fruit,
il le coupe;
et chaque rameau qui porte du fruit,
il le taille
pour qu'il en porte encore plus...

Demeurez unis à moi
comme moi je suis uni à vous.
Un rameau ne peut porter du fruit tout seul,
il doit être uni à la vigne;
de même vous non plus vous ne pouvez porter du fruit
si vous n'êtes pas unis à moi.
Je suis la vigne,
vous êtes les rameaux.

Qui demeure en moi
et moi en lui
porte beaucoup de fruit:
sans moi vous ne pouvez rien faire...

C'est la gloire de mon Père
que vous portiez beaucoup de fruit.»

Jean 15, 1-2.4-5.8

L'exemple du pommier

Une branche de pommier qui ne serait pas rattachée au tronc de l'arbre serait comme une branche morte. Elle ne pourrait produire de fruits.

C'est une donnée d'expérience élémentaire: pour qu'une branche de pommier puisse donner des pommes, il faut qu'elle soit unie au tronc. Il faut que la même sève coule dans tout l'arbre.

Jésus a illustré la même vérité en partant de l'exemple de la vigne, qui était bien connue de ses contemporains. S'il avait vécu chez nous, il aurait sans doute pris un exemple d'ici, comme celui d'un pommier ou d'un prunier ou d'un cerisier...

Jésus s'est comparé au tronc de l'arbre et il nous a comparés aux branches. Pour que nous puissions porter du fruit, il faut que la même vie coule en Jésus et en nous: «*Demeurez en moi comme je demeure en vous*» (Jean 15, 4).

En agissant ainsi, Jésus a montré une fois de plus sa grande connaissance de la personne humaine en même temps que son grand désir que nous soyons tous heureux.

En effet, l'arbre qui produit du fruit a, si l'on peut dire, le sentiment d'être utile aux autres puisqu'il leur donne sa nourriture; il a aussi la possibilité de pouvoir se reproduire. Or il s'agit là précisément de deux aspirations fondamentales de tout être humain: se sentir utile aux autres et pouvoir se perpétuer dans des descendants.

«La gloire du Père»

Jésus tient beaucoup à ce que nous portions du fruit. Beaucoup de fruit. Pour lui, il y va de la gloire même de son Père.

De fait, quand un enfant réussit bien dans la vie, il fait la fierté de ses parents. Quand un enfant de Dieu porte du fruit, il fait la fierté du Père de Jésus.

Jésus veut que le Père soit fier de nous. C'est pour cela qu'il veut que nous portions du fruit, que nous soyons féconds.

Il nous montre le chemin de cette fécondité: être unis à lui comme la branche au tronc de l'arbre.

La fécondité

Nous vivons dans un siècle de productivité et d'efficacité. À tel point que nous avons souvent du mal à trouver une place convenable pour les gens qui ne travaillent pas comme par exemple les personnes âgées, les malades, les assistés sociaux, etc. C'est qu'ils apparaissent comme «improductifs»: ils semblent coûter bien plus cher à la société qu'ils ne lui rapportent.

Le Seigneur ne voit pas tout à fait les choses de cette façon. Pour lui, que tu sois productif ou au contraire réduit à la non-productivité totale, cela n'a pas tellement d'importance. Ce qui compte, c'est que, dans un cas comme dans l'autre, tu sois rattaché à lui. Alors tu deviens capable de porter du fruit, tu deviens fécond.

L'évangile ne se meut pas dans l'efficacité ou l'inefficacité, dans la productivité ou la non-productivité, il se meut dans la fécondité.

Le «bien-aimé qui dort»

À ce point de vue, il est intéressant de relire le psaume 127. Ce psaume, en plus de nous faire un large clin d'œil plein d'humour... et d'amour, nous enseigne une chose fondamentale: c'est la personne qui est aimée du Seigneur qui est comblée par lui.

Ce psaume n'est pas un plaidoyer pour ne rien faire, mais pour être rattaché au Seigneur par des liens d'amour étroits et puissants. Le Seigneur veut que nous travaillions toutes les fois que nous le pouvons et que c'est nécessaire. Mais il ne veut pas que nous travaillions, même jusqu'à nous crever, pour rien.

Ce qui compte pour lui, dans le travail intense comme dans le sommeil, dans l'activité la plus grande comme dans l'inactivité la plus profonde, c'est que nous soyons unis à lui. Autrement, nous travaillons sans lui: nous bâtissons et nous veillons sans lui. Et alors nos efforts sont vains et inutiles à ses yeux.

Si le Seigneur ne bâtit la maison,
c'est en vain que les maçons se morfondent.
Si le Seigneur ne garde la ville,
c'est en vain que les gardiens veillent.

C'est en vain que vous aussi
vous avancez votre lever
et que vous retardez votre coucher
pour gagner péniblement votre pain.

Le Seigneur en donne autant
à ses bien-aimés qui dorment.

Psaume 127, 1-2.

Les « apparemment inutiles »

Il y a des gens qui semblent inutiles sur la terre. Les grands malades, les personnes retraitées, les chômeurs, les assistés sociaux, les prisonniers, les moines, les contemplatifs, etc. De fait, pour une société axée sur la production et la consommation, ils sont souvent encombrants, ils « coûtent cher » et « rapportent bien peu ».

Pour le Seigneur, il ne faudrait pas l'oublier, ces « apparemment inutiles » ne le sont pas vraiment s'ils sont reliés à Lui. Ainsi l'a voulu Jésus: ils peuvent en effet porter beaucoup de fruit.

Il est bon pour les pasteurs de le savoir. Eux qui attachent tellement d'importance à la pastorale des malades, par exemple. Eux qui sont souvent impliqués dans des démarches avec les plus démunis de nos sociétés. Eux qui, comme tout le monde, sont de plus en plus concernés par les personnes âgées.

Il est bon qu'ils le sachent, mais il est aussi important qu'ils le fassent connaître à ces personnes qui trop souvent sont portées à se décourager ou qui ont du mal à trouver un sens à ce qu'elles vivent.

Dieu a besoin de ces gens au moins autant que des personnes actives. Ils sont les « cuisiniers de Dieu », si l'on peut dire. Ils ne peuvent aller sur les premières lignes de l'action apostolique mais ce sont eux qui, par l'offrande de leur prière et de leur souffrance, permettent aux apôtres de bien faire leur travail... tout comme les cuisiniers qui ne vont pas au front mais qui permettent aux soldats de bien se battre grâce à la bonne nourriture qu'ils leur préparent.

Il suffit de penser à la petite Thérèse qui n'est jamais sortie de son monastère, mais qui fut quand même proclamée « patronne des missions ».

ARMAND

Armand ne pourra plus travailler. Non seulement il prend de l'âge, mais il est malade. Le médecin le lui a dit doucement mais clairement. Ses os deviennent de plus en plus fragiles.

Lui qui était habitué à «la grosse ouvrage» a trouvé cela bien dur de se voir confiné à un fauteuil près d'une fenêtre pour regarder à longueur de journée passer les gens en bonne santé.

Mais, petit à petit, Armand, qui a la foi de son père et l'espérance de sa grand-mère, s'est mis à prier davantage. Il a le temps: «J'ai rien que ça à faire», comme il dit. Et puis il offre patiemment ses souffrances au Seigneur: «Ça aussi, c'est une prière. Des fois, c'est la seule que je peux faire.»

Armand a redonné un sens à sa vie. Il se sent utile: Dieu a besoin de sa prière et les gens en cueillent abondamment les fruits.

Les «apparemments utiles»

Il y a ceux qui travaillent sans arrêt, véritables moulins à produire, parfois même un peu «queues-de-veau». Ils misent beaucoup sur l'efficacité, la productivité, le rendement. Ils compilent données et statistiques. Ils alignent des chiffres, font des prévisions budgétaires, planifient, etc.

Toutes choses bonnes en soi, personne ne le niera. Si l'on veut bâtir une tour ou si l'on veut partir en guerre, dira

le Seigneur lui-même, il faut s'asseoir préalablement, mesurer ses capacités, peser les diverses possibilités. Et puis décider si on peut ou si on ne peut pas réaliser son projet (*Luc 14, 28-33*).

Et puis, c'est dans notre nature de travailler, de vouloir être utiles, de vouloir se sentir utiles. C'est bien normal.

Mais, aux yeux du Seigneur, la seule efficacité, même pour le Royaume, ne saurait se suffire à elle-même. Même les agents de pastorale les plus efficaces, les plus planificateurs, les plus organisateurs, les plus dévoués, les plus généreux, les mieux équipés, les mieux «instrumentalisés», ne sauraient se passer de la condition exigée par Jésus pour que les communautés chrétiennes, comme les individus, portent du fruit: tous doivent être reliés au Seigneur comme la branche est rattachée au tronc.

Autrement, c'est la stérilité spirituelle et pastorale, même sous des apparences de «rendement» extraordinaire. L'exemple du figuier stérile est là pour nous le rappeler.

LA «QUEUE-DE-VEAU»

Il n'arrêtait jamais de travailler! Il était de tous les congrès, de toutes les sessions. Il participait aux lignes ouvertes de la radio et aux entrevues de la télévision. Il avait quelque chose à dire sur à peu près tout. Il avait toujours dix projets à mener de front. Une vraie queue-de-veau!

On le demandait pour ceci, pour cela. Il acceptait tout pour rendre service... mais aussi pour être connu et reconnu. Il n'arrêtait jamais, toujours très occupé, trop occupé. Court ici, court là. À droite, à gauche. En haut, en bas. Une vraie girouette!

Il voulait tout voir, tout avoir, tout savoir et surtout tout pouvoir. Il voulait être présent partout. Il voulait tout tenir dans ses mains. Un vrai petit monstre!

Il se plaignait tout le temps qu'il avait beaucoup d'ouvrage, qu'il manquait de temps... mais il n'arrêtait pas pour autant!

À quoi cela sert-il de tant se démener? Ce ne sont pas ceux qui se démènent qui automatiquement font du bien! Eh non! Ce sont ceux qui aiment, qu'ils se démènent ou non. Ainsi l'a voulu le Seigneur.

Le figuier stérile

Voyons cet enseignement que le Seigneur nous donne dans l'épisode du figuier stérile (*Matthieu 21, 18-22; Marc 11, 12-14.20-24*).

Jésus avait faim. Il voit un figuier de belle apparence: beau feuillage, bonne santé. Il s'en approche pour y cueillir des fruits et en manger. Il n'en trouve aucun sur l'arbre: «rien que des feuilles», nous dit l'évangile. On sait la suite.

Les exégètes nous disent que, de fait, ce n'était pas la saison des fruits. Il était donc normal que le figuier n'ait pu en donner à Jésus.

La leçon que Jésus a voulu donner se situe ailleurs. Ce qui compte, ce n'est pas l'apparence de l'efficacité, du rendement, de la productivité. C'est de porter du fruit, que l'on soit efficace ou non. Le Seigneur ne juge pas sur l'apparence, le «look» ne l'impressionne pas. Il regarde le cœur (*Samuel 16, 7*).

Bien sûr, il faut travailler et viser à la plus grande efficacité chaque fois que c'est nécessaire et qu'on le peut, mais il faut surtout être rattaché au Seigneur. Autrement, même au cœur des réalisations les plus spectaculaires et les plus grandes, on risque de se leurrer en se fiant à l'apparence, au «m'as-tu vu?», et finalement on risque d'être stérile. Alors que, même quand on ne peut travailler, qu'on est réduit à l'inefficacité apparente, on peut être un arbre chargé de fruits merveilleux si on demeure rattaché au Seigneur.

Ainsi l'a voulu le Seigneur dans sa grande bonté et sa grande sagesse, offrant à tous, actifs ou inactifs, productifs ou improductifs, apparemment utiles ou inutiles, cette merveilleuse possibilité de porter du fruit. Une seule condition est nécessaire: être uni à lui.

Comment être rattaché à Jésus?

Alors, la question vitale qui saute aux yeux, c'est: comment être rattaché au Seigneur? Quels sont les chemins qui nous permettent de vivre en communion avec le Christ? Quels moyens pouvons-nous prendre pour entretenir ce contact permanent avec Jésus?

On devine que le Seigneur lui-même nous en a enseigné plusieurs. Pour notre part, nous en retiendrons trois:

1. Le Christ des évangiles.
2. Le Christ actuel.
3. Le Christ pascal.

DEUXIÈME PARTIE

LE CHRIST
DES ÉVANGILES

*«Celui qui est la Parole
est devenu un homme
et il est venu vivre avec nous»*

Jean 1, 14

1. QUAND JÉSUS VIVAIT SUR LA TERRE...

Introduction

Dieu s'est approché de nous

Le Fils de Dieu est devenu homme, il y a de cela quelque deux mille ans. Il a voulu partager notre condition humaine. Il est devenu l'un des nôtres. Il est venu parmi nous. Il est venu vivre avec nous. Il a vécu sur un coin de terre bien identifié, il a rencontré les gens de son temps. Il leur a parlé, il leur a donné des enseignements, il a agi au milieux d'eux.

En Jésus et par Jésus, Dieu s'est approché de nous. Nous n'aurons pas assez d'une vie pour saisir un peu de ce grand mystère d'amour.

La contemplation de la vie et des enseignements de Jésus est essentielle pour entrer en communion avec le Seigneur. C'est le premier chemin que nous allons emprunter pour explorer un peu comment nous pouvons être unis au Seigneur et porter du fruit.

Les évangiles

Ce sont principalement les évangiles qui nous disent, à leur manière, la vie, les actions et les paroles de Jésus.

On sait bien que les évangiles ne sont pas des écrits historiques à la manière scientifique d'aujourd'hui. Les écrits du Nouveau Testament «ne sont nullement un journal intime ni des comptes rendus exacts, mais des textes de confession de foi, rédigés par la génération apostolique... Ils ne sont jamais une pure relation historique des faits... Ils expriment la foi des premières communautés chrétiennes et répondent à des préoccupations apologétiques, missionnaires, liturgiques et catéchétiques... » (Éloi Leclerc). Ils rendent compte à la fois d'un « vécu » et d'une « interprétation de ce vécu ».

Ceci étant dit, il est quand même possible, et souhaitable, de découvrir à travers eux la figure de Jésus « quand il vivait sur la terre ». Nous pouvons certainement retrouver l'expérience vivante de Jésus à travers la relation qu'en font les quatre évangélistes.

Et ce n'est pas faire injure à Jésus que d'essayer de discerner à travers les écrits évangéliques sa figure mais aussi son cœur; ce qui le faisait vivre mais aussi mourir. Ce n'est pas non plus massacrer les écrits sacrés que d'essayer d'y découvrir toujours davantage l'expérience de cet homme absolument fascinant.

Il nous devient alors possible, avec infiniment de respect et d'humilité, de nous mettre à l'écoute de ce Jésus « répercuté » par-delà les premières communautés chrétiennes jusqu'à nous par les évangiles, et de nous en inspirer pour notre vie personnelle et communautaire.

Le compagnonnage de Jésus

Les apôtres

Les apôtres étaient constamment avec Jésus. À longueur de journée, de semaines et de mois. Le jour et la nuit. Ils vivaient en sa compagnie. Et Jésus était toujours avec eux.

C'est comme cela que petit à petit ils ont fini par connaître le cœur du Maître. Pour faire connaître sa pensée ou communiquer son enseignement, Jésus n'a pas agi avec les apôtres à la manière d'un professeur qui donne des cours, des conférences, des sessions. Jésus n'a pas fait asseoir ses disciples derrière des bancs d'école ou d'université. Il ne leur a pas donné des livres à lire, des notes à mémoriser, des travaux à faire, des séminaires à vivre. Ils ont tout appris de lui dans le grand livre de sa vie avec eux et avec les gens, à travers ses actions et ses réactions, à travers sa prière et ses paroles, à travers ses émotions et ses sentiments.

Au fil des jours et des circonstances de la vie, au hasard des joies et des tristesses du quotidien, les apôtres ont appris ce qui faisait vivre et mourir Jésus, ce qui faisait battre son cœur. Ils ont découvert son «échelle de valeurs», son esprit. À force de partager son intimité, ils ont fini par pénétrer son «secret». Ils ont appris son cœur.

Un peu comme les enfants qui, vivant avec leurs parents à longueur de journée, finissent par savoir ce qu'ils pensent, ce qu'ils souhaitent pour eux. À la longue, ils n'ont même plus besoin de le leur demander, ils le savent d'instinct. Ils en arrivent ainsi à prendre, comme par osmose, les mœurs et les coutumes de leurs parents. La conscience de leurs parents devient leur propre conscience.

Ainsi, à force de vivre dans la compagnie de Jésus, les apôtres, en étaient-ils arrivés à épouser sa pensée, à partager son idéal, à communiquer avec sa sagesse, à vibrer à son amour.

LE PETIT JOËL

Le petit Joël se promène sur le trottoir en face de la maison paternelle. Il marche tranquillement en poussant du pied les feuilles mortes qui jonchent le pavé en ce mois d'octobre ensoleillé. La vie est belle. Léger et insouciant, les mains bien serrées derrière le dos, Joël a l'air d'un philosophe, sage et calme, bien au-dessus de ses affaires.

À quoi pense-t-il? On ne le sait pas. Mais pour lui la vie s'écoule tout doucement. Il jouit juste d'assez de liberté pour faire à peu près tout ce qu'il veut... mais pas trop, car ses parents, petit à petit, au cours des mille et une situations de la vie quotidienne, lui ont appris tranquillement une certaine manière de vivre.

Ce n'est sans doute pas à cela que le petit Joël pense tout en déambulant sur le trottoir. Mais l'éducation de ses parents est quand même bien imprimée dans le petit ordinateur qu'il possède entre ses deux oreilles.

Voilà que tout à coup le regard de Joël se porte sur un gros ballon rouge qui lui fait signe juste en face de lui de l'autre côté de la rue. Vite, dans sa petite tête, surgit l'idée de traverser la rue pour aller récupérer ce ballon bien appétissant. Mais tout aussi vite arrive également une grosse question: «Qu'est-ce que papa et maman vont dire si je traverse la rue?»

Il n'a pas besoin d'aller le leur demander. Il le sait: «C'est trop dangereux, il y a le trafic... ne traverse pas la rue.»

Et le cœur de Joël devient le lieu d'un beau combat. Finalement, Joël continue patiemment et obstinément à pousser les feuilles mortes du bout du pied. Les mains dans le dos. Comme un petit philosophe de six ans!

Et nous?

N'est-ce pas la même chose pour nous?

Si nous voulons arriver à pénétrer dans le cœur du Seigneur pour devenir véritablement ses disciples, ne faut-il pas que nous prenions conscience de plus en plus que le Seigneur est avec nous et que nous sommes appelés à être avec lui?

Le Seigneur nous accompagne sur toutes les routes de nos vies, quelles qu'elles soient. Il marche avec nous. Il nous tend toujours la main. Il souhaite que nous marchions aussi avec lui. Sur toutes ses routes. Il veut que petit à petit nous aussi, comme les apôtres, nous prenions ses us et coutumes, que nous apprivoisions son cœur. Apprendre à aimer Jésus, à en être aimés aussi. N'est-ce pas là le but ultime de la vie chrétienne? Sentir sa présence constante en nous, autour de nous... comme une atmosphère, comme un environnement, comme une «qualité de vie».

Et alors, peu à peu, l'amour de Jésus que nous accueillons en nous et l'amour que nous lui donnons, nous transforment, nous embellissent, nous «christifient». Nous devenons de plus en plus lumières du monde parce que nous sommes connectés au Soleil. Nous devenons de plus en plus sel de la terre parce que nous sommes plongés dans la Mer. Nous devenons de plus en plus bonne nouvelle parce que nous nous abreuvons à la Joie.

Nous devenons véritablement disciples du Christ. Et nous sommes dans la paix et dans la joie. Nous sommes heureux. Quoi qu'il arrive !

C'est pourquoi il est si vital pour nous, et pour les nôtres, que nous apprenions à connaître, d'une connaissance du cœur, notre bien-aimé Sauveur.

Les nôtres

L'un des plus beaux cadeaux que nous puissions faire aux personnes que nous aimons ou que nous voulons aimer en vérité, c'es bien de les aider à vivre en présence de Jésus, de leur apprendre la rencontre familière et régulière de Jésus.

Leur apprendre à vivre selon l'évangile, pourrait-on dire. Leur donner le texte des évangiles... ou un *Prions en Église* mensuel. Partager la Parole avec eux. Devenir familier des évangiles, c'est se mettre sur la route pour devenir familier de Jésus lui-même et, par lui, de Dieu.

Car justement, vivre selon l'évangile, ce n'est pas seulement vivre selon le texte des évangiles. C'est surtout vivre selon la mentalité de Jésus, accorder notre cœur à son propre cœur. C'est développer pour ainsi dire une « seconde nature », tout imbibée de la vie et des enseignements de Jésus et surtout de sa personne.

C'est pourquoi il est si important de le connaître, de le regarder vivre, de le rencontrer partout où il se trouve, de le contempler...

Jésus: quelqu'un qui aime

Dans les évangiles, Jésus apparaît essentiellement comme quelqu'un qui aime.

Cela n'est pas étonnant, puisque Dieu est Amour (*1 Jean 4, 8*) et que Jésus est le Fils de Dieu. Jésus lui aussi est Amour. Il n'est qu'Amour. Il n'est pas seulement quelqu'un qui aime, il est l'amour en personne. Comme Dieu, si Jésus arrêtait, ne fût-ce qu'une seconde, d'aimer, il ne serait plus Dieu, il ne serait plus Fils de Dieu, il ne serait plus Jésus. L'amour en Dieu, en Jésus, n'est pas un simple attribut, n'est pas une qualité merveilleuse, il est la nature, l'essence même de Dieu.

Jésus a passé sa vie à aimer. C'est normal pour lui. C'est naturel.

On pourrait comparer Jésus à un immense diamant. Chacune des manifestations de son amour constitue une facette de ce diamant-amour.

JÉSUS AIME SON PÈRE

Il le rencontre dans la prière

Souvent Jésus se retire sur la montagne la nuit. Pour prier. Il entre alors en dialogue amoureux avec son Père. Il lui parle dans la tranquillité de la fin du jour, dans la solitude des hauteurs, dans le secret de son cœur.

Il lui dit qu'il l'aime comme seul un fils peut aimer son père. Il le remercie de l'avoir envoyé sur la terre, de lui avoir fait confiance, d'être toujours avec lui dans sa difficile mission auprès des humains.

Il lui présente tous ceux qu'il lui a donnés à paître: ses apôtres, ses disciples, ses collaborateurs et collaboratrices, et puis toutes les personnes qu'il est venu sauver.

Mais Jésus ne fait pas que parler à son Père. Il l'écoute aussi lui redire: «Tu es mon fils bien-aimé. En toi j'ai mis tout mon amour. Tu as toute ma confiance. Je ne t'abandonnerai pas. Je suis toujours avec toi. N'aie pas peur.»

Puis, le cœur tout plein de l'amour qu'il a reçu et qu'il lui a donné, raffermi dans sa mission, confiant, Jésus redescend de la montagne et retourne auprès des gens pour leur annoncer le grand amour du Père pour eux, pour leur donner le Père.

Il en parle souvent aux gens

Ceci est particulièrement évident dans l'évangile de Jean. À tout moment Jésus a le nom de son Père dans la bouche. C'est bien sûr parce qu'il l'a profondément enraciné dans son cœur. C'est, pourrait-on dire, sa magnifique obsession.

Jésus en effet parle de son Père comme un amoureux parle de la personne qu'il aime et qui l'aime. Bien plus, Jésus veut faire comprendre aux gens que l'amour que le Père a pour lui est le même que celui qu'il a pour eux. Il veut aussi leur faire savoir que l'amour qu'il a pour son Père est le même que celui qui brûle son cœur pour eux.

Ce que le Père fait pour Jésus, Jésus le fait pour ses disciples. Ce que Jésus fait pour son Père, Jésus veut que les disciples le fassent pour lui. C'est ainsi qu'on retrouve souvent dans l'évangile des expressions comme: «*De même que le Père... ainsi moi je...*»; par exemple: «De même que le Père m'a envoyé, moi aussi je vous envoie» (*Jean 6, 57*).

JÉSUS AIME TOUT LE MONDE

L'amour de Jésus est universel

Jésus n'a exclu absolument personne de son amour. Il est venu sauver tout le monde sans aucune exception. Les théologiens nous disent que son amour est universel, c'est-à-dire qu'il s'étend à toutes les personnes.

De même que nous avons vu que Dieu cesserait d'être Dieu s'il cessait d'aimer, ne fût-ce qu'une seconde, de même Jésus cesserait d'être le Fils de Dieu s'il excluait ne fût-ce qu'une seule personne de son amour.

Oui mais... les pharisiens qu'il a traités d'hypocrites et de sépulcres blanchis, à qui il n'a pas ménagé les reproches... il les aimait vraiment? Oui mais... les vendeurs du temple dont il a renversé les tables et à qui il a adressé des invectives assez sérieuses... il les a aimés en vérité? Oui, il faut le dire, Jésus les a aimés. À bien y penser, quand on aime vraiment, on ne fait pas que flatter, dorloter, sourire et tout approuver. Les parents qui veulent vraiment aider leurs enfants à grandir doivent parfois les reprendre, les corriger, les faire réfléchir... leur dire des paroles désagréables et parfois même leur imposer des choses déplaisantes pour les amener à changer leur conduite et leur cœur. C'est parce qu'il leur voulait du bien que Jésus a agi ainsi envers les pharisiens et les vendeurs du temple: il avait sans doute épuisé les autres moyens plus doux et plus tendres, mais qui s'étaient avérés inefficaces dans leur cas. Son cœur lui a dicté les «grands moyens», un dernier recours d'amour. L'amour authentique, nous le savons, ne fait pas qu'approuver, louanger, féliciter; il ne se contente pas de sourire, de plaire, de flatter; il confronte, il questionne, il agit avec fermeté, chaque fois que c'est nécessaire pour aider l'autre à grandir.

Oui mais... Judas qui l'a trahi, Pierre qui l'a renié , Pilate qui l'a condamné, Caïphe qui l'a jugé, Hérode qui a ri de lui... Jésus les a aimés vraiment? Oui, Jésus les a aimés. Quand au jardin de Gethsémani Judas s'approcha de lui pour le trahir par un baiser, Jésus ne lui a pas dit «Traître», il lui a dit: «Mon ami» (*Matthieu 26, 50*). C'est au renégat Pierre que Jésus, après sa résurrection, fera faire une triple profession d'amour et qu'il confiera le pastorat de ses brebis (*Jean 21, 15-17*). Les attitudes que Jésus adopte avec Pilate, Caïphe et Hérode, ne sont pas exclusivement des comportements d'accusé devant son juge, elles sont également des gestes d'amour: Jésus a toujours le souci d'aider les gens à grandir, quels qu'ils soient.

Jésus se tient avec le monde

Jésus vit dans le trafic. Au milieu du monde. Il aime les gens. C'est pourquoi il passe la majeure partie de son temps avec eux. Il va dans les rues pour les rencontrer, pour les écouter, pour les regarder vivre, pour être le signe vivant de la bonté du Père pour eux. Il se promène dans le pays. Il partage la vie du peuple.

Jésus n'avait pas de maison personnelle où coucher, où manger. Il n'attendait pas que les gens viennent à lui. Il allait vers eux, chez eux. Jésus n'avait pas d'église où rassembler les gens: il leur parlait un peu partout et les rencontrait où ils étaient et où ils vivaient... sur la place publique, dans les maisons, sur une barque au bord du lac, sur la route, etc.

C'est ainsi qu'un jour il participa à des noces à Cana (*Jean 2, 1-12*). Une autre fois, il se retrouva chez Zachée après l'avoir fait descendre de l'arbre où celui-ci était monté pour mieux le voir passer (*Luc 19, 1-10*). Il allait fréquemment chez ses amis Lazare, Marthe et Marie (*Luc 10, 38-42, Jean 11, 1-44*). C'est au milieu des gens qu'il rencontrait, sur le parvis du temple, au bord du lac, sur les chemins, au pied de la montagne, que Jésus donnait ses enseignements, faisait ses sermons... C'est en marchant dans les rues de Naïm qu'il rencontra le cortège funèbre de cette veuve éplorée qui conduisait son fils unique au cimetière (*Luc 7, 11-17*). C'est après avoir parlé aux gens venus nombreux l'écouter qu'il s'aperçut qu'ils n'avaient pas mangé (*Marc 6, 33-44*). C'est en cheminant le long de la mer de Galilée qu'il rencontra Pierre, Jean, Jacques et André et qu'il les recruta pour en faire ses premiers disciples (*Matthieu 4, 18-22*). C'est en sortant dans la rue que Jésus vit en passant un homme assis au bureau de la douane qui s'appelait Lévi et qu'il appellera par la suite Matthieu (*Matthieu 9, 9-13*).

C'est en marchant dans un champ de blé et en voyant ses disciples écraser des épis un jour de sabbat que Jésus en profita pour donner un enseignement sur le sabbat au service de la personne et non l'inverse (*Matthieu 12, 1-8*). C'est en circulant au milieu des gens que Jésus verra tant de misères et qu'il opérera tant de guérisons. Et ainsi de suite.

Jésus a attrapé des coups de pluie et des coups de soleil. Il a aussi reçu des coups d'hommes et des coups de femmes. Il a souffert de la faim et de la soif. Il a eu chaud, il a sué et transpiré sous le soleil de la Palestine. C'est ainsi qu'un jour, fatigué de la route, il s'assit près du puits de Jacob et demanda à boire à cette samaritaine venue puiser de l'eau en plein midi et qui en retour reçut bien plus de lui qu'elle ne lui donna (*Jean 4, 1-54*). C'est ainsi que, les pieds salis et enflés sur les routes sablonneuses et torrides du pays, il reçut un bon rafraîchissement « parfumé » de cette pécheresse publique qui, elle aussi, reçut de lui bien plus qu'elle ne lui donna (*Luc 7, 36-50*). Et ainsi de suite.

Si Jésus n'était pas sorti dans la rue pour rencontrer les gens, que serait-il arrivé à la femme adultère (*Jean 8, 1-11*)? au paralytique que des porteurs ont fait entrer par une ouverture dans le toit (*Marc 2, 1-12*)? à l'aveugle-né (*Jean 9, 1-41*)? à la femme affligée d'une perte de sang (*Matthieu 9, 20-22*)? à la belle-mère de Pierre (*Luc 4, 38-39*)? Et ainsi de suite.

Si Jésus avait été inaccessible, s'il ne s'était pas laissé approcher par les gens, comment Nicodème aurait-il pu le rejoindre (*Jean 3, 1-22*)? et les enfants (*Marc 10, 13-16*)? et les lépreux (*(Marc 1, 40-45, Luc 17, 11-19*)? et le jeune homme riche (*Luc 18, 18-30*)? et le légiste (*Luc 10, 25-37*)? et les foules qui le suivaient? Et ainsi de suite.

Non seulement Jésus aime le monde, mais il se tient dans le monde. Il est accessible, disponible, présent au monde. Il est envoyé au monde. Sans avoir l'esprit du monde (*Jean 17, 16*), il est bien incarné dans le monde. Si l'on peut dire qu'il est de tous les temps et de tous les pays, il est également bien de son temps et de son pays.

Depuis que Dieu a envoyé son Fils dans le monde, Jésus a partie liée avec le monde. Ils sont devenus pour ainsi dire des inséparables.

LE RÊVE DE SYLVAIN

Les gens, c'est l'évidence, ne vont plus à l'église autant qu'avant. Pas en aussi grand nombre en tout cas. Ils fréquentent plutôt ces nouvelles cathédrales de la consommation qu'on nomme centres d'achat. C'est bien pratique: le parc de stationnement est grand, les magasins sont regroupés, on y rencontre des gens, on peut y flâner, y manger, etc.

Sylvain, qui est un pasteur plein d'amour pour le Seigneur et pour les gens, a eu une idée originale. Il s'est dit: «Pourquoi ne s'arrangerait-on pas pour avoir un lieu de prière en plein cœur du centre commercial? Si les gens ne viennent plus à l'église, il faudrait peut-être que l'Église aille aux gens!» Les savants appellent cela «la présence de l'Église au monde». Mais ce n'est pas l'expression qui importe, c'est que Jésus soit au cœur du monde.

Alors, avec la naïveté des têtus de l'évangile et le courage des amoureux de Jésus, Sylvain s'est mis à faire des démarches auprès d'une foule de gens: ses confrères des paroisses environnantes qui lui souhaitèrent bonne chance, l'évêque qui l'encouragea paternellement, les marchands du centre d'achat qui sourirent au début de cet original qui voulait planter une «église» en plein commerce.

Mais Sylvain n'en démordit pas. Il finit par l'avoir, son lieu de prière. Au début, les gens venaient par curiosité. Puis, petit à petit, divers services furent organisés: service d'accueil et d'écoute, de dépannage et d'orientation, service de prière et de méditation de la Parole de Dieu, service de réconciliation et de pénitence, service de l'Eucharistie. Aujourd'hui, des bénévoles y donnent de leur temps, de leur compétence et de leur générosité. Des pasteurs s'y relaient également pour assurer les services qui leur sont propres. Les commerçants eux-mêmes contribuent financièrement à son entretien et à son maintien.

Le Centre, qui porte le beau nom d'«Emmanuel», ce qui signifie comme tout le monde le sait «Dieu parmi nous», fait maintenant partie du centre d'achat au même titre que tous les magasins. C'est presque une paroisse nouveau genre, bien plantée au cœur du monde, à la portée des gens.

Quand Sylvain se retrouve seul à la chapelle Emmanuel, il lui vient parfois à l'esprit que, si Jésus revenait parmi nous aujourd'hui, il se tiendrait sans doute bien souvent dans les centres d'achat.

Cana

Il y eut des noces à Cana...
Jésus y avait été invité
avec ses disciples

Jean 2, 1-2

Le récit des noces de Cana contient plusieurs enseignements sur l'amour de Jésus pour les gens.

D'abord, on retient bien sûr le fait spectaculaire du changement de l'eau en vin. Jésus aime trop les gens pour que la noce tourne à la catastrophe. Il s'arrange pour que le vin ne manque pas et même que le vin nouveau soit meilleur que le premier servi. Les commentateurs ont vu avec raison dans ce «premier signe» la nouvelle alliance inaugurée par la venue de Jésus. Mais on peut aussi y retenir simplement le fait que le Seigneur veut que la fête de l'amour se continue et que tous se réjouissent que deux êtres humains convolent en justes noces.

Ensuite, on sait que les noces célébrées en ce jour sont également la figure des noces que Dieu a voulu établir avec l'humanité tout entière. Dieu nous aime comme un époux aime son épouse, comme un fiancé sa fiancée. Il tient à nous. Il nous a à cœur. Il conclut avec nous une Alliance éternelle.

Enfin, il y a cette vérité toute simple, mais si belle et si profonde, que le Seigneur a voulu être présent à ce qui arrive aux gens. Ici, il est de la fête qui réunit des gens autour du mariage de deux êtres qui s'aiment. Jésus s'intéresse non seulement aux grands événements de notre vie, aux grands sentiments qui nous animent, mais également à tout ce que nous vivons d'heureux ou de malheureux. Il est notre compagnon de route. Il participe intensément, non pas en curieux mais en ami, à tout notre vécu.

NATHALIE ET PIERRE

L'autre jour, Nathalie et Pierre sont allés voir leur curé pour préparer ensemble la célébration de leur mariage. Ils avaient en particulier une idée bien précise sur le texte d'évangile qu'ils voulaient entendre durant la messe. C'était celui des noces de Cana.

Quand leur pasteur leur a demandé pourquoi ils tenaient tant à cet évangile, la réponse est venue bien simple en deux temps: d'abord parce qu'il s'agissait de noces et surtout parce qu'ils étaient sensibles au fait que Jésus avait voulu être présent à l'un des grands événements de la vie de ce couple.

Nathalie et Pierre voulaient que Jésus soit là d'une manière toute spéciale au moment où ils allaient se donner l'un à l'autre pour la vie. Ils tenaient à mettre leur union sous la protection du Seigneur. Ils étaient convaincus qu'avec lui ils seraient capables de traverser les bonheurs et les malheurs de la vie de tous les jours.

Nicodème

*Il y avait chez les Pharisiens
un homme appelé Nicodème...
Il vint rencontrer Jésus de nuit...*

Jean 3, 1-2

Jésus n'a pas d'heures de bureau. Son Centre d'accueil est toujours ouvert. Jésus ne fait pas de distinction de personnes: il reçoit quiconque se présente, disciple ou non, pharisien ou non. Même de nuit. Jésus est disponible, toujours prêt à écouter, à éclairer, à encourager.

Nicodème est un notable juif. Bien plus, c'est un pharisien. C'est aussi un chercheur de Dieu, de la vérité. C'est un honnête homme. Sans doute aussi un parfait observateur de la Loi. Il a reconnu en Jésus un Maître, un Sage, quelqu'un capable d'apporter des réponses à ses questions. Il n'hésite pas à aller le rencontrer.

Mais il vient de nuit. Pourquoi? On ne le sait pas trop. La nuit, disaient les rabbins, était favorable à l'étude de la Loi et propice aux conversations religieuses: c'est peut-être pour cela que Nicodème vient voir Jésus au milieu de la nuit. La nuit, disent certains Pères de l'Église, figure également l'obscurité qui habitait le cœur et l'esprit de ce membre du Sanhédrin. Peut-être aussi est-ce un peu par discrétion: il n'est pas sûr en effet que la démarche de Nicodème ait été particulièrement bien vue de ses confrères.

Ce que nous retiendrons surtout, c'est la qualité de l'accueil et de l'écoute de Jésus. C'est aussi la confiance, faite de simplicité et de respect, que Nicodème lui témoigne.

C'est encore le cheminement que le Maître lui fait faire avec toute la délicatesse de l'amour et la finesse de sa sagesse.

Le cours de l'entretien a sans doute conduit Nicodème beaucoup plus loin qu'il ne le pensait. Pour son plus grand bien et le nôtre!

Quand on accepte de faire un bout de chemin avec Jésus, on ne sait pas toujours la tournure du voyage. Mais on peut être assuré qu'au bout du compte on en tirera un grand profit.

Une grande foule

En descendant de la barque,
Jésus vit une grande foule:
à cette vue,
son cœur se remplit de pitié;
car ils étaient comme des brebis
qui n'ont pas de berger.

Marc 6, 14

Les apôtres revenaient des villes où ils étaient allés deux par deux en mission. Ils étaient fatigués et surtout ils avaient le goût de raconter au Seigneur tout ce qu'ils avaient fait et enseigné. Jésus les avait invités à venir avec lui à l'écart pour se reposer un peu. Ils étaient tous montés dans une barque vers un lieu tranquille et isolé. Mais en descendant de la barque, quelle ne fut pas leur surprise de voir une grande foule qui était accourue les attendre à l'endroit où ils devaient se reposer.

Alors Jésus eut le cœur pris par la vue de tous ces gens. L'évangile dit qu'il les vit comme des brebis sans berger, image qui parlait beaucoup au cœur du Maître et au cœur de ses contemporains, familiers des moutons et des pasteurs. Marc dit que Jésus se mit alors à leur enseigner beaucoup de choses et même sur le tard de la journée, si bien qu'ils en oublièrent de manger. Les disciples s'en inquiétèrent auprès de Jésus lui-même qui leur dit: « Donnez-leur vous-mêmes à manger. » On sait la suite.

Le Seigneur est attentif aux besoins des gens. Il connaît ces besoins parce qu'il se tient auprès d'eux, parce qu'il sait les découvrir, parce qu'il les écoute. Mais, pour lui, ces besoins ne sont pas simplement d'ordre matériel, ils sont aussi et avant tout d'ordre spirituel: « L'homme ne se nourrit pas seulement de pain, mais de toute parole qui sort de la bouche de Dieu » (*Matthieu 4, 4*).

Mais il sait tout autant que la seule nourriture spirituelle ne saurait suffire. Plus tard saint Augustin dira: « On n'évangélise pas des ventres vides. » La véritable évangélisation ne saurait être désincarnée. Si elle s'appelle annonce directe de la Parole, elle s'appelle également réalisation de l'évangile au cœur du quotidien des gens et de la vie du monde; et alors elle prend souvent le nom de développement, de lutte pour la justice et la paix, de combat pour le respect des droits de tous et notamment des plus faibles, de campagne pour la sauvegarde de l'environnement, etc.

Et ainsi de suite

On pourrait continuer longuement les exemples tirés de la vie de Jésus montrant son amour pour tout le monde.

Tu peux le faire toi-même pour approfondir encore davantage ce merveilleux amour du Seigneur. Regarde-le, par exemple, chaque fois qu'il est en contact avec les gens sur le bord du lac, au pied de la montagne, sur le parvis du Temple, chez Marthe et Marie, etc.

JÉSUS AIME LES PAUVRES

Les pauvres sont les préférés de Jésus

Si Jésus aimait tout le monde, il y avait tout de même une catégorie de gens qu'il aimait tout particulièrement. Ce sont ceux que la Bible tout entière appelle « les pauvres ».

Les pauvres, aux yeux de Dieu, sont d'abord ceux qui manquent de biens matériels. Mais ce sont aussi tous ceux et celles qui souffrent d'un manque quelconque dans leur vie: manque d'argent, manque de santé, manque de reconnaissance sociale, manque d'affection, etc. Tous ceux et celles qui sont blessés dans leur corps, dans leur esprit, dans leurs relations humaines, etc.

Les théologiens parlent de cet amour de Jésus pour les pauvres comme d'un « amour préférentiel »: les pauvres deviennent ainsi les préférés de Jésus. Non pas qu'il oublie les autres, bien au contraire. Mais le Seigneur, — les évangiles nous le montrent à souhait —, n'a jamais été capable de rester insensible devant une souffrance humaine, il n'a jamais pu résister à une détresse, il a toujours d'instinct compati à une souffrance. Il s'est approché «tout naturellement» des petits, des faibles, des souffrants, bref des pauvres.

Cela n'est pas étonnant. Nous-mêmes, ne faisons-nous pas la même chose avec nos enfants, avec nos élèves, avec nos gens? Si les parents aiment tous leurs enfants, n'accordent-ils pas une attention spéciale à leur petite fille qui est malade, à leur petit garçon qui est infirme? Et les autres enfants ne s'en plaignent pas, ils n'en sont pas jaloux, bien au contraire. C'est normal. Pourquoi les pasteurs visitent-ils régulièrement les malades de leurs paroisses? À cause du même amour. Et s'ils ne le faisaient pas, ce ne serait pas «correct». Qu'est-ce qui pousse les enseignants à s'occuper davantage des élèves faibles? C'est précisément cet amour préférentiel pour les plus mal-pris? Et là aussi, personne ne trouve à redire.

L'évangile est rempli de cet amour de Jésus pour les plus petits. Voyez-le avec les malades, avec les lépreux tout particulièrement, avec les enfants, avec les mal-aimés, avec les sans-amour, avec les esseulés, etc.

Jésus a des préférés. Qui pourrait le lui reprocher? Car ce sont les pauvres.

L'amour de Jésus pour les pauvres est effectif

Jésus a donné des enseignements sur l'amour des plus mal-pris que soi dans la vie. Le plus connu de ses enseignements reste la merveilleuse parabole du bon samaritain (*Luc 10, 25-37*).

Mais Jésus n'a pas fait qu'enseigner l'amour des pauvres. Il l'a pratiqué. Il a lui-même agi dans le sens de ses enseignements. Bien plus, il a agi avant même d'enseigner, sachant très bien qu'il ne suffit pas de dire, mais qu'il faut aussi faire ce que l'on dit, joindre le geste à la parole.

Et son agir n'a pas été simplement superficiel. Son action n'a pas été du genre: « Allez en paix... Je sympathise beaucoup avec vos souffrances... Vous m'êtes très cher... Je vais prier pour vous... » Jésus ne s'est pas contenté de donner une tape dans le dos des gens qui en arrachaient dans la vie, de leur mettre la main sur l'épaule ou de les regarder gentiment dans les yeux... toutes choses bonnes en soi mais qui, avouons-le, ne dérangent pas beaucoup la personne qui « encourage » et n'arrangent pas beaucoup non plus la personne qui a besoin d'être aidée!

Jésus s'est déplacé pour aller chez les gens qui souffraient. Il s'est donné de la peine pour les personnes qui traversaient des moments difficiles dans la vie. Il est allé chez la fille de Jaïre (*Luc 8, 40-55*); il s'est rendu chez la belle-mère de Pierre (*Matthieu 8, 14-15*); il a pris le temps d'accueillir et d'écouter le paralytique descendu par le toit (*Marc 2, 1-12*).

Jésus s'est arrêté sur la route pour rencontrer et écouter les malheureux. Il est entré dans les maisons des gens, il a soulagé les souffrants. Il a dérangé son horaire, il a modifié sa cédule d'activités. Il a pensé aux gens mal-pris avant de penser à lui.

Voyons quelques exemples de cet amour préférentiel de Jésus pour les « pauvres ».

Naïm

Quand le Seigneur vit cette veuve,
il fut rempli de compassion pour elle
et il lui dit:
« Ne pleure pas. »

Luc 7, 13

Jésus était en route pour la ville de Naïm. Ses disciples ainsi que beaucoup de gens marchaient avec lui. En arrivant à la porte de la ville, il vit un cortège composé d'un grand nombre d'habitants de la ville: on menait en terre le fils unique d'une femme qui était veuve.

Deux cortèges qui se rencontrent, celui de Jésus et celui de la veuve. Jésus saisit vite le drame de cette femme: subitement elle se retrouve toute seule dans la vie. Privée déjà de son mari, la voilà maintenant privée de son seul fils. Il lit la douleur qui étreint son cœur. Il est lui-même saisi de pitié. Il s'approche de la femme et lui dit: « Ne pleure pas! » Puis il touche le cercueil et dit: « Jeune homme, je te l'ordonne, lève-toi! » Aussitôt, le mort se lève et se met à parler et Jésus le rend à sa mère.

Jésus est la vie: il vient enrayer la mort et tous ses germes. Jésus est l'amour: il ne peut laisser cette femme sans amour. Il est sensible à la souffrance de cette maman. Il fait tout ce qu'il peut pour la soulager.

BERTHE ET LUCIE

Lucie, c'est la femme de Paul, mais c'est aussi la mère de deux petits marmots qui courent toute la journée et salissent leur fond de culottes sur le sable aussi régulièrement qu'ils usent les semelles de leurs souliers. Lucie est une femme occupée: ménage, lavage, repassage, nettoyage, magasinage, etc.

Berthe, elle, est une femme du quatrième âge. Elle demeure dans une petite chambre d'un foyer pour personnes âgées. Une sorte de HLM pour aînés. Elle n'a pas de télévision dans son appartement. Elle est trop pauvre. Et comme elle a tout près de quatre-vingt-dix ans, elle n'a presque plus de parenté. Alors, elle téléphone à Lucie tous les jours pour passer le temps et pour vaincre son ennui.

Lucie aurait bien d'autre chose à faire que d'écouter Berthe au téléphone. Mais Lucie écoute patiemment Berthe chaque fois qu'elle décroche son appareil. Elle se dit que Berthe est toute seule, et que ça lui fait du bien d'avoir quelqu'un pour l'écouter. Même, de temps en temps, à peu près une fois par semaine, Lucie trouve le temps d'aller lui payer une petite visite. Parfois elle amène avec elle un de ses petits enfants. Alors Berthe est au septième ciel.

Et la vie est plus belle pour tout le monde.

Les lépreux

En entrant dans un village,
Jésus vit dix lépreux venir vers lui;
ils se tenaient à distance et criaient:
« Jésus, maître, aie pitié de nous. »

Luc 17, 12

Au temps de Jésus, être lépreux, ce n'était pas « un cadeau ». La maladie, comme on le sait, était épouvantable. La personne qui en était atteinte souffrait terriblement et dans son corps et dans son esprit: détérioration visible de ses membres, de ses extrémités, mais aussi souffrance morale indicible.

Mais là ne s'arrêtait pas la souffrance. La loi juive avait en effet décrété que les lépreux devaient vivre en marge de la société. Ils étaient relégués dans des cavernes ou des cabanes en dehors de la ville. Et quand ils venaient en ville, ils devaient porter un voile sur leur visage pour cacher leurs lèvres, leurs oreilles et leur nez rongés par la lèpre. Ils devaient en plus s'habiller en guenilles et tenir une clochette à la main. Et quand des non-lépreux s'approchaient trop près d'eux, ils devaient agiter la cloche et crier: « Impur ». Bien plus, toucher un lépreux, c'était être soi-même assimilé à lui. Les lépreux étaient bannis de la société, ils étaient, dirait-on aujourd'hui, marginalisés, exclus. À la maladie physique et morale s'ajoutait la maladie sociale.

C'est pourquoi Jésus les aime tant. Non seulement il les laisse venir à lui, mais il les touche, passant ainsi par-dessus les prescriptions de la loi. Il les guérit. Et, ce faisant, il leur redonne la santé, la joie de vivre, mais aussi une place dans la société. Il opère leur «réintégration sociale». Il les réhabilite totalement aux yeux des bien-portants.

Ces gestes de bonté de Jésus envers les parias de la société ne manquaient pas d'exercer une profonde impression sur ses contemporains. Cela leur posait de bonnes questions. Cela leur faisait découvrir que Jésus, s'il venait pour tout le monde, venait tout spécialement pour les malheureux, les mal-intégrés, les mal-vivants.

Qui aurait pu lui reprocher de s'intéresser d'une manière particulière à ces pauvres? Bien plus, au-delà de la guérison qu'il apportait à ces malades, au-delà de leur réinsertion sociale, les gens finissaient par découvrir que Jésus venait pour détruire à sa racine le mal dans le monde.

LA «MAISON-JOIE»

Pierrette appartient à la race des gens qui sont capables de vaincre tous les obstacles quand il s'agit de rendre service surtout à des personnes qui en arrachent dans la vie.

C'est ainsi que Pierrette, en accord avec son mari, s'est mis dans la tête de trouver un foyer d'hébergement pour des personnes handicapées mentales et physiques qui n'avaient personne dans la vie et aucun logis dans le monde.

Après beaucoup de démarches, elle finit par trouver une maison convenable. Après avoir trouvé deux responsables pour s'occuper de ses protégés, elle se mit en frais de les loger. Mais elle se heurta bien vite aux gens du voisinage qui ne voulaient pas avoir des handicapés comme voisins.

Elle se mit donc à visiter ces gens pour les convaincre du bien-fondé de son initiative. Ce ne fut pas chose facile. Elle en vit de toutes les couleurs.

Mais aujourd'hui la maison abrite six personnes handicapées. Elle porte le joli nom de «Maison-Joie». Elle a son conseil d'administration. Elle a sa liste de bienfaiteurs. C'est une maison ouverte qui accueille toutes sortes de visiteurs.

Et surtout les gens du voisinage sont contents de leurs nouveaux voisins.

Les enfants

Des gens amenaient des enfants à Jésus pour qu'il pose les mains sur eux; voyant cela, les disciples leur faisaient des reproches.

Marc 10, 13

On connaît bien cette histoire des disciples qui ne veulent pas que les enfants s'approchent de Jésus, et la colère que cette histoire déclencha chez le Maître.

Pourquoi les disciples ne voulaient-ils pas que les enfants s'approchent de Jésus? Est-ce parce qu'ils trouvaient que Jésus en faisait déjà assez comme cela sans être, en plus, encombré d'enfants? Est-ce parce qu'ils ne voulaient pas que les enfants le fatiguent? Ou bien est-ce parce qu'eux-mêmes ne voulaient pas être dérangés par ce nouveau travail? Ou parce qu'ils avaient mauvais caractère et qu'ils n'aimaient pas les enfants? C'est peut-être tout cela ou peut-être rien de tout cela, on ne sait pas.

Ce que l'on sait, par contre, c'est que les enfants, au temps de Jésus, n'étaient pas toujours bien considérés. Ils apparaissaient comme encombrants, ils demandaient beaucoup de soins comme tous les enfants, coûtaient beaucoup d'argent et ne rapportaient rien. Bref, ils étaient souvent vus comme improductifs, comme inutiles, et comme l'occasion d'un « paquet de troubles ».

Pourtant, même dans l'Ancien Testament, l'enfant, en raison même de sa faiblesse, de sa dépendance innée, de son imperfection, apparaît comme un privilégié de Dieu. Dieu se fait le protecteur de l'orphelin. La fécondité apparaît comme un cadeau de Dieu et est toujours considérée comme une bénédiction divine. Bien plus, le Seigneur prendra les enfants comme point de comparaison pour dire à ses disciples de leur ressembler s'ils veulent un jour entrer dans le Royaume.

Le Seigneur, à l'instar du Dieu de l'Ancien Testament, accorde une attention spéciale aux enfants. Comme il a aimé les pauvres d'un amour de préférence, de même il bénit les enfants.

Leçon importante pour ses contemporains et pour ses disciples. Le Seigneur aime les enfants parce qu'ils sont sans défense et parce qu'ils sont l'image de l'esprit que devraient avoir tous les disciples authentiques.

FABIENNE

Fabienne a la parole facile et une belle façon proverbiale. Tous ses enfants sont élevés. De temps en temps, elle fait une petite fête pour s'occuper et pour faire plaisir à ses voisins et voisines. Elle est tout à fait merveilleuse pour souhaiter la bienvenue à tout le monde. Dans les réceptions et les «partys», elle est vraiment sensationnelle. Elle distribue à gauche et à droite les sourires, les poignées de mains et les becs sur la joue. Tout le monde la trouve «super». Pour recevoir, elle est «au-bout». Les gens n'en reviennent pas de se faire appeler par elle «très cher» ou «ma chère», et cela leur fait du bien à tous et à toutes.

L'autre jour, Stella, encouragée par l'accueil qu'elle avait reçu de Fabienne à la fête de la veille, lui a téléphoné pour lui demander un petit service. Elle avait en effet rendez-vous chez le médecin et ne trouvait personne pour garder sa petite-fille de trois ans. «J'ai pensé tout naturellement à toi», lui dit-elle un peu naïvement au téléphone. Fabienne s'en trouva toute mal à l'aise. «C'est que, lui dit-elle, je suis fatiguée de la fête d'hier et j'ai mes programmes à la T.V.; je ne veux pas les manquer! Tu comprends, si je saute une semaine, je ne pourrai pas comprendre la suite de la série...!» Et elle refusa tout de go de garder la petite de Stella.

Stella en prit sa leçon. Une pensée effleura son esprit: Fabienne avait la charité bien superficielle et elle la pratiquait seulement quand ça faisait son affaire ou pour «épater la galerie». Cela lui fit de la peine. Et elle demanda à Margot, déjà mère de trois jeunes marmots, de garder sa petite. «Un enfant de plus, un enfant de moins... ça ne me fait pas de différence, lui dit-elle; emmène-la, ta petite!»

Béthesda

Il y avait au bord de la piscine de Béthesda
un homme malade depuis trente-huit ans.
Quand Jésus le vit
et qu'il apprit sa longue maladie,
il lui demanda:
« Veux-tu être guéri? »

Jean 5, 5-6

Toujours cette même compassion! Cette même attention pour les blessés de la vie! Toujours ce souci d'être de quelque manière près des gens qui souffrent!

C'est là presque une obsession chez le Maître. Ce désir d'apporter aux gens un mieux-être, un mieux-vivre.

Un homme paralysé depuis trente-huit ans! Un homme qui vit dans l'espoir qu'un jour il guérira parce qu'un bon matin il sera plongé le premier dans la piscine, parce que quelqu'un le poussera dans l'eau.

« Seigneur, je n'ai personne... » Quel cri! Mais aussi quel espoir le Seigneur a-t-il dû lire dans les yeux de ce malade chronique! Et voilà qu'il trouve cette personne en Jésus. Voilà qu'il n'a pas besoin d'être jeté à l'eau: la puissance de Jésus le délivre de sa maladie. La rencontre du Seigneur est pour lui vie, joie et santé.

Jésus aime les malheureux. Il aime aussi les gens qui deviennent les personnes qui jettent plus malheureux qu'eux dans la piscine de la plus-vie.

LA «PURGATION»

C'était au temps où les femmes accouchaient à la maison. Et c'était en plus à la campagne. Et c'était encore plus durant l'hiver.

Mathilde avait prévenu son mari Henri qu'elle «attendait les sauvages» pour la nuit qui venait. Henri, qui pour rien au monde n'aurait voulu que sa femme eut des problèmes en donnant naissance à leur enfant, s'en alla chez sa voisine Mariette pour lui demander de venir aider sa femme à accoucher.

Mariette s'en trouva bien embêtée. «C'est que, lui dit-elle, je viens de commencer de me purger... Je fais cela une fois par année... Et ça arrive en plein dans le temps où tu me demandes ce service... Tu comprends, dans les circonstances, je ne peux pas...»

Henri regarda Mariette dans les yeux. Dans sa tête défilaient comme dans un film les images des nombreux services que lui et Mathilde lui avaient rendus par le passé. Il lui dit dans un souffle: «C'est ça, purge-toi toute, ma vieille chipie!» Et il tourna les talons et la porte aussi vite qu'il le put.

D'accord, Henri a eu la riposte un peu vive. Et son tempérament impulsif n'a eu d'égal que l'amour qu'il avait pour Mathilde et l'enfant qui allait naître. Mais du même coup Mariette a eu une purgation plus laborieuse!

L'aveugle de Jéricho

Jésus dit à l'aveugle:
«Que veux-tu que je fasse pour toi?»
Maître, que je voie à nouveau»,
lui répondit-il.

Luc 18, 41

Peut-on imaginer cette scène racontée par Luc? Jésus approche de Jéricho. Sur le bord du chemin, un aveugle mendie. Il entend la foule qui marche avec Jésus et s'informe de ce qui se passe. Il a certes déjà entendu parler de Jésus.

Alors s'allume dans son cœur une grande lumière, un grand espoir. «Jésus peut me guérir... C'est ma chance...» Son cœur se met à battre plus fort dans sa poitrine, sa main se soulève, sa tête se tourne vers le bruit de la foule... et n'y tenant plus, jaillit de sa poitrine un cri plus fort que lui: «Fils de David, aie pitié de moi!»

On sait la suite. Jésus demanda qu'on l'amène auprès de lui. Et il le guérit sur sa foi, sur sa confiance. Et, tout reconnaissant, l'ex-aveugle se mit à suivre le Maître et à louer Dieu.

Ce jour-là, il y eut grande joie parmi la foule des gens qui avaient vu ce miracle ou qui en avaient entendu parler. Il y eut grande joie au ciel aussi: Dieu, en Jésus, était venu une fois de plus au secours d'une personne éprouvée; il avait, une fois de plus, manifesté son immense amour pour les humains, particulièrement pour les démunis.

LOUIS-PIERRE

Louis-Pierre filait sa vie tout doucement. Il avait une belle petite famille, un bon travail, de bonnes relations. Il jouissait de la considération de tout le monde. Bref, c'était un homme heureux, pacifié et pacifiant.

Un jour qu'il revenait de son travail, il eut un terrible accident. À l'hôpital, malgré des soins excellents, on fut bien obligé de se rendre compte qu'il ne survivrait pas à ses blessures.

À l'étage au-dessus de sa chambre, il y avait Nathalie, une belle fille de quinze ans, qui vivait dans le noir. Les yeux voilés derrière un bandeau et des lunettes opaques, elle attendait désespérément un donneur qui lui ferait cadeau de ses cornées, pour qu'elle puisse enfin voir le monde, ses parents, ses amis, les fleurs, les oiseaux...

Jean, le chirurgien de Nathalie, apprit le triste état de Louis-Pierre. Il se décida à aller le voir un soir qu'il était en compagnie de Lise, son épouse bien-aimée. Il leur expliqua la situation de Nathalie et lui demanda bien simplement s'il voulait prêter ses yeux à cette jeune fille, si jamais il ne pouvait plus s'en servir.

Sur-le-champ, Louis-Pierre consentit à donner ses yeux à Nathalie. Il serra la main de Lise et un éclair de joie brilla dans ses prunelles.

Aujourd'hui, Nathalie s'émerveille tous les jours du spectacle que les gens et la nature lui donnent. Et de temps en temps, elle va chez Lise redire merci à la famille de Louis-Pierre pour le merveilleux cadeau qu'elle lui a fait.

Et ainsi de suite

On pourrait continuer longtemps la liste des interventions de Jésus en faveur des défavorisés de la vie. En fait, les évangiles en sont remplis.

Et toi, lecteur, tu peux, pour ton instruction et ton interpellation personnelles, la poursuivre toi-même, cette liste. Regarde par exemple l'attention merveilleuse de Jésus pour l'aveugle-né et pour les pharisiens, ces autres aveugles (*Jean 9*), pour cette femme affligée d'une perte de sang (*Marc 5*), pour l'homme à la main paralysée (*Luc 6*), pour un sourd-muet (*Marc 7*), etc.

JÉSUS AIME LES PÉCHEURS

Les pécheurs sont les privilégiés de Dieu

C'est un bien grand mot que de parler de pécheurs. En fait, personne ne peut juger qui est pécheur. On n'a qu'à se regarder pour se fermer bien vite le bec, avant de qualifier quiconque de pécheur !

Et pourtant, au temps de Jésus, il y avait des gens qui n'aimaient pas trop que « Jésus se tienne avec les pécheurs » et que certains l'appellent même « l'ami des publicains et des pécheurs » (*Matthieu 11, 19*). Nous connaissons tous le fameux chapitre 15 de l'évangile de saint Luc qui commence comme ceci: « *Les collecteurs d'impôt et les gens de mau-*

vaise réputation s'approchaient tous de Jésus pour l'écouter. *Les pharisiens et les maîtres de la loi murmuraient entre eux et disaient: 'Cet homme fait bon accueil aux pécheurs et il mange avec eux!'* » On sait la suite: Jésus, pour bien leur faire comprendre qu'il aimait les personnes qu'ils appelaient les « pécheurs », leur raconta trois magnifiques histoires: le mouton perdu et retrouvé, la pièce d'argent perdue et retrouvée, et enfin le fils perdu et retrouvé.

Si le Seigneur se tient avec les gens qui, aux yeux de certains « justes », ont mauvaise réputation et sont considérés comme des « pécheurs », ce n'est pas, on s'en doute bien, pour approuver leurs manquements; c'est pour qu'à son contact plein de bonté ils puissent convertir leur cœur et changer leur conduite.

On le sait, l'évangile est plein d'exemples merveilleux où le Seigneur a manifesté beaucoup d'amour envers des gens qu'on disait pécheurs et que lui a toujours aimés d'un amour de privilège. Voyons-en quelques-uns.

Matthieu

Jésus vit, en passant,
un homme appelé Matthieu.
Il était assis
au bureau de collection des impôts.
Il lui dit:
«Suis-moi.»
Matthieu se leva et le suivit.

Matthieu 9, 9

Le métier de collecteur d'impôts, au temps de Jésus, était mal-famé. Les gens qui le pratiquaient étaient réputés pour être durs; ils étaient eux-mêmes des juifs qui collectaient des taxes auprès d'autres juifs pour les occupants romains «païens» et, à ce titre, ils passaient pour traîtres à la nation. C'étaient, notamment aux yeux des pharisiens, des «pécheurs par excellence», si l'on peut dire.

Et voilà que Jésus, bien au fait de tout cela, pousse l'arrogance, non, pousse l'amour, jusqu'à demander à l'un d'eux de devenir son disciple. Il en fera même un apôtre et ce Matthieu deviendra un évangéliste. Les pharisiens ne comprennent pas et ne le prennent pas: «Pourquoi votre maître, dirent-ils aux disciples de Jésus, mange-t-il avec les collecteurs d'impôt et les pécheurs?»

Jésus lui-même fit la réponse: «Ce ne sont pas les bien-portants qui ont besoin du médecin, ce sont les malades... Sachez donc que je ne suis pas venu appeler des justes, mais des pécheurs.»

Des gens respectables n'aiment pas que Jésus se tienne avec des gens de mauvaise réputation. C'est comme s'ils voulaient que Jésus se tienne uniquement avec du «bon monde». C'est comme si cette compagnie de Jésus avec les «pas-bons» leur enlevait quelque chose au bout du compte ou même les culpabilisait un peu! Pourtant, personne ne reproche à un médecin de s'occuper des malades...

L'amour de Jésus pour les pécheurs» a toujours été une pierre de scandale pour les personnes qui se jugeaient «non-pécheurs» et qui étaient souvent bien promptes à juger les autres comme «pécheurs».

Jésus vient pour sauver les pécheurs. Il est normal qu'il se tienne avec eux et même qu'il en recrute pour faire partie de son équipe apostolique!

LÉON

Léon est propriétaire d'un petit garage. Il répare les autos accidentées. Il fait l'entretien des voitures: vidange d'huile, changement de filtres, etc. Il a, à l'année longue, trois ou quatre employés qui, tranquillement, avec ses bons conseils, apprennent leur métier.

L'autre jour, Gaston, qui sortait de prison et qui était tout disposé à reprendre sa vie en mains, se présenta chez Léon pour demander du travail. Après les questions d'usage, Léon s'aperçut bien vite qu'il avait affaire à un ex-détenu. Il lui dit qu'il avait besoin de réfléchir un peu avant de l'embaucher et lui demanda de revenir le lendemain.

Le soir même, il parla de Gaston à sa femme, Suzanne. Ils discutèrent longtemps avant de se décider finalement à le prendre. «Si personne ne lui donne sa chance, se dirent-ils, il va recommencer à voler.» Le lendemain, Gaston, tout heureux, fut engagé. *Depuis ce jour, il travaille bien et Léon n'a pas à se plaindre de lui.*

Les jours qui suivirent son embauche, Gaston fut l'objet de toutes sortes de commentaires de la part de certains clients qui apprirent son passé de délinquant. Certains changèrent même de garage. Cela n'ébranla pas Léon qui fit confiance à Gaston et ne le regretta jamais.

Zachée

> « *Aujourd'hui,
> le salut est entré
> dans cette maison;
> car Zachée est lui aussi
> un fils d'Abraham.* »
>
> Luc 19, 9

Zachée, nous dit l'évangile, est un chef de publicains: c'est une sorte de « super-publicain ». Aux yeux de ses compatriotes, c'est un personnage suspect, au même titre que Matthieu et même plus, car il est un « patron » de collecteurs d'impôts. En plus, il est petit de taille. Et plus encore, il veut voir Jésus qui traverse la ville de Jéricho. Il monte donc sur un arbre pour mieux l'apercevoir... et peut-être aussi pour ne pas en être vu!

Pourquoi veut-il voir Jésus? On ne le sait pas. Peut-être en avait-il entendu parler et voulait-il se rendre compte par lui-même de quoi avait l'air cet espèce de thaumaturge. Peut-être avait-il été simplement attiré par la foule et voulait-il se mêler à elle! On ne sait pas.

Tout ce qu'on sait, c'est que, quand Jésus arriva à sa hauteur, il leva les yeux et l'interpela: «Zachée, descends vite, car je dois loger chez toi aujourd'hui.» Zachée descendit donc et il le reçut avec joie.

Et alors, ce fut la rencontre entre ces deux hommes. Une rencontre merveilleuse. Zachée, sans doute tout surpris de se voir interpellé par Jésus et surtout de se voir choisi pour le recevoir chez lui, n'en revient pas. Enthousiasmé par cette présence, il déborde de joie. Enthousiasmé sans doute aussi par le fait que le Seigneur ne le condamne pas, alors que tant de gens ne le regardaient même pas. En accueillant Jésus chez lui, Zachée découvre la bonté de cet homme, mais en même temps il voit sa propre malice. Les yeux de Jésus deviennent pour lui comme un miroir dans lequel se reflète sa misère de pécheur.

Alors, dans un geste aussi surprenant que magnanime, il déclare à Jésus: «Je vais donner la moitié de mes biens aux pauvres, et si j'ai pris de l'argent à quelqu'un, je vais lui rendre le quadruple.» Comment un homme de la réputation de Zachée peut-il en arriver à cette conversion aussi subite qu'imprévisible? C'est qu'il a perçu en Jésus quelqu'un qui l'aimait bien au-delà de ses péchés, quelqu'un qui pouvait, sans le condamner, transformer son cœur.

Aussitôt, une source d'eau vive s'est mise à couler dans le cœur de ce chef de publicains pour le rafraîchir et le revivifier. Un rayon de soleil est venu illuminer son regard. Et il s'est surpris lui-même à dire et à faire des choses qu'il se croyait incapable de faire et qu'il ne voulait pas faire. D'enchaîné, il devient libre.

Et le Seigneur dit dans la joie: «Aujourd'hui, le salut est entré dans cette maison, parce que cet homme est aussi un fils d'Abraham. Car le Fils de l'Homme est venu chercher et sauver ceux qui étaient perdus.»

LÉOPOLD

Léopold est reconnu pour être un caïd de la drogue. Il a sa liste de «pushers» et aussi sa liste de «blanchisseurs d'argent». Sa «business» a commencé tout doucement et, sans qu'il ne s'en rende trop compte, il s'est finalement retrouvé avec une «grosse affaire» dans les bras. Il n'est plus capable de s'arrêter: il «soutient» bien des gens, il fait beaucoup d'argent... la roue tourne... et de plus en plus vite.

L'autre jour, Henri, le curé de la paroisse, faisait sa visite pastorale. Comme Léopold réside sur le territoire de sa paroisse, Henri n'a pas hésité à aller le saluer chez lui. Léopold, qui n'est pas sans se douter que le curé connaît sa réputation, l'a reçu avec tous les égards. Il était si content que le curé n'ait pas passé tout droit qu'il a longuement parlé avec lui. Il a fini par lui dire: «Vous savez, monsieur le curé, ma vie n'est pas trop catholique. Vous comprenez ce que je veux dire?» Henri se contenta d'écouter sans rien dire. Léopold reprit: «Des fois, je me surprends à vouloir laisser 'les affaires'. Ce n'est pas une vie, cela. Je suis constamment sur la corde raide. Et puis, je sais tout le tort que je fais aux gens. Un jour, j'aiderai des pauvres avec tout cet argent...» Henri l'a regardé attentivement et lui a dit tout simplement: «Mon ami, c'est bien que vous pensiez à aider les pauvres... mais n'attendez pas trop ni pour les aider ni pour arrêter vos 'affaires'.» Lépold l'a fixé dans les yeux en se demandant ce que son curé voulait bien dire: «Je sais, monsieur le curé, je sais. Dès demain, je vais commencer à liquider mon entreprise et à donner aux pauvres. Voulez-vous prier pour moi... et me bénir.» Henri le regarda à nouveau. Il se leva et étendit la main sur son front pour implorer le Seigneur.

En retournant chez lui, Henri se disait que Dieu a de ces chemins bien étonnants.

La femme de mauvaise réputation

« Je te le dis, Simon:
le grand amour
que cette femme a manifesté
prouve
que ses nombreux péchés sont pardonnés. »

Luc 7, 47

Le pardon de Jésus est toujours la rencontre de deux amours: celui de Jésus et celui de la personne pardonnée.

On connaît cet épisode rapporté par Luc mais aussi par Matthieu et par Marc, et qu'on a appelé « la pécheresse pardonnée et aimante ». Il s'agit d'une femme qui avait mauvaise réputation dans la ville, elle passait pour une « pécheresse publique », une prostituée. Elle était mal vue des gens, surtout des pharisiens comme Simon qui avait invité Jésus chez lui et qui ne s'attendait sûrement pas à y recevoir aussi « cette femme ».

Le récit établit un contraste frappant entre l'« hospitalité » bien faible de Simon et les diverses attentions de cette femme envers Jésus. Il montre surtout combien cette femme a confiance en Jésus, combien elle est sûre que l'amour du Seigneur est infiniment plus grand que tous ses péchés à elle. C'est pourquoi elle n'hésite pas à franchir les barrières sociales qui la séparaient du monde des « justes », à marcher sur les « qu'en-dira-t-on », et à aller rencontrer le Maître.

Alors le miracle du pardon et de la conversion se produit une fois de plus. Parce qu'elle a reçu beaucoup d'amour de Dieu, elle devient capable d'en manifester beaucoup.

C'est ce que Jésus essaie de faire comprendre à Simon. Le Seigneur aime assez cette femme pour la libérer de ses fautes, pour qu'elle devienne capable à nouveau d'aimer en vérité.

Cette rencontre mystérieuse d'amour qui se fait entre Jésus et cette femme laisse Simon songeur. Mais en même temps elle lui fait comprendre d'abord qu'il ne faut pas juger les gens sur l'apparence, mais bien sur leur cœur, et surtout accueillir l'amour inconditionnel d'un Dieu toujours disponible et toujours prêt à donner à quiconque le lui demande.

LA «MANNE» DE POMMES

Georges n'est pas précisément un enfant de chœur. Il fait des «intros», il fraude à l'occasion, il «fume», il se fâche souvent et il rend coup sur coup. Il a été élevé dans la rue et sa véritable école fut celle des «gangs» de son quartier.

L'autre jour, il est allé s'engager dans un verger pour y cueillir les pommes de l'automne. Il a de bons bras et de bonnes jambes. Quand il se décide à travailler, il travaille comme deux. Son patron est content de lui. Quand il lui a remis sa paie, il lui a donné en même temps une «manne» de pommes comme bonus.

Georges aurait bien pu les vendre. En tout cas, il en avait bien trop pour lui. Georges, qui passe pour un dur et qui pour rien au monde n'aimerait passer pour un mou, est parti du verger avec une idée dans la tête. Il s'est rendu chez les Lampron qui ont quatre enfants de sept à treize ans qui man-

gent «comme quatre», c'est le cas de le dire. Et, mine de rien, il a déposé la «manne» sur le bout de la galerie. À la sauvette. Sans se faire remarquer.

Puis il est parti chez lui en se frottant les mains. Il était content de lui.

La samaritaine

Jésus dit à la femme:
«Donne-moi de l'eau à boire.»

Jean 4, 7

Jésus est parti de la Judée pour retourner en Galilée. Pour s'y rendre, il doit traverser la Samarie. Fatigué par la route et le soleil, il s'arrête dans une ville appelée Sychar où se trouvait le puits que Jacob avait donné à son fils Joseph. Il est midi environ. Il a soif, mais il n'a pas de seau pour puiser de l'eau au puits.

Voici qu'une femme du village s'amène au puits pour en tirer de l'eau. Tout naturellement, Jésus lui demande à boire. Mais cette femme s'étonne que Jésus lui demande un service. Pourquoi? Pour plusieurs raisons. D'abord, parce qu'elle est une femme: les hommes ne parlent pas aux femmes en public au pays de Samarie. Et puis, elle est «une étrangère» pour Jésus: c'est une samaritaine et Jésus est juif. En plus, elle est aux yeux des Juifs pratiquants une sorte de schismatique: les Samaritains passaient pour ne pas pratiquer la même foi que les Juifs. Enfin, c'est aux yeux de beaucoup une pécheresse notoire: elle ne vit pas avec son mari, mais elle en est à son sixième compagnon de vie (*v. 18*). C'est d'ailleurs pour cette raison qu'elle puise de l'eau en plein midi et non pas au lever du soleil, comme on fait toujours dans les pays chauds: si elle le faisait au petit matin, les autres femmes la tourneraient facilement en ridicule et n'hésiteraient pas à se moquer d'elle.

En lui demandant un simple service, Jésus sait tout cela. Et la femme d'ailleurs en est étonnée: «Comment toi, Juif, oses-tu me demander de l'eau, à moi qui suis Samaritaine?» (*v. 9*). Et la conversation s'engage.

Au cœur de cette conversation, il y a l'eau que la Samaritaine donne à Jésus, mais il y aussi «l'eau vive» que Jésus donne à cette femme: il lui révèle qu'il est le Messie et il lui fait cadeau de son salut. Elle deviendra vite une missionnaire au milieu des gens de son village.

C'est toujours pareil: Jésus vient pour tout le monde sans exception. Qu'on soit étranger, schismatique ou plus ou moins rejeté par les gens, cela lui importe moins que sa volonté de sauver tout le monde, notamment les personnes qui ont particulièrement besoin de son salut. Pour cela, le Seigneur passe par-dessus les conventions sociales, les coutumes. Il les bouscule même. Pour rejoindre la personne. Pour l'aimer et lui faire découvrir des horizons jusque-là insoupçonnés. Au-delà de toutes ses espérances.

VICTOR

Victor, le curé de Ste-Héloïse, roulait avec sa bagnole sur une route secondaire de sa paroisse. Il allait cahin-caha, le cœur léger, des hirondelles dans la tête et des papillons dans les yeux. Tout à coup, une légère vapeur se mit à se tortiller juste sous son nez en provenance du capot de sa voiture. Du coup les hirondelles firent place à de vulgaires et menaçantes corneilles et les papillons devinrent de méchants bourdons. La vapeur allait en augmentant et le moteur s'était mis à toussoter et à vibrer, secouant Victor comme un cerisier sous l'emprise d'un fort vent d'automne.

Victor fut bien forcé d'arrêter sur le bord de la route. Il souleva le capot avec d'infinies précautions. À vrai dire, il était plus habitué aux volutes qui montaient de son encensoir quand il faisait le tour de l'autel qu'à la fumée blanche qui sortait sous pression du radiateur de sa voiture. Tout occupé qu'il était à contempler l'eau qui bouillonnait du ventre de son auto et à se demander ce qu'il allait faire, il ne s'était pas aperçu qu'une autre voiture s'était garée juste derrière la sienne.

«Monsieur le curé, vous semblez bien mal pris. Puis-je vous aider? Victor fit un saut de côté, tellement il fut surpris par cette voix inattendue. Mais sa surprise doubla quand il vit qui lui adressait la parole. C'était Francine, bien connue dans le village pour ses deux divorces et pour sa vie «loin de l'Église». Du coup, Victor faillit en avaler son «gorgotton» et sa pression se mit presque à l'unisson de celle de son radiateur.

«Ah! C'est votre radiateur qui chauffe. Il faut attendre un peu pour laisser refroidir le moteur. Vous devez manquer d'eau. Ne vous en faites pas. Attendez-moi. Je vais faire le nécessaire.» Sitôt dit, sitôt fait. Francine remonta dans sa voiture et revint un peu plus tard avec un bidon rempli d'eau fraîche.

Victor n'eut rien à dire et rien à faire. Elle s'occupa de tout. Comme une vraie professionnelle. Quand elle eut fini et que Victor se pourfendait en remerciements avec un mal-à-l'aise visible, elle lui dit tout simplement: «Ça m'a fait plaisir de vous rendre ce petit service. Vous savez, monsieur le curé, vous ne me voyez pas souvent à l'église. Avec la vie que je mène, c'est sûr que ça ferait jaser. Mais, je n'oublie pas le bon Dieu et je ne vous oublie pas non plus. Avant longtemps, je vais aller vous saluer. Je voudrais voir si vous pouvez améliorer ma situation. J'y pense depuis quelque temps. À bientôt donc!»

Victor n'eut que le temps de dire: «Merci, merci... merci bien... Bienvenue...!» Elle était déjà montée dans sa voiture, avait démarré et lui avait envoyé la main en passant près de lui. Et Victor reprit la route avec une auto rafraîchie et un cœur rempli à nouveau d'hirondelles et de papillons.

La femme adultère

Jésus dit à la femme:
«Moi non plus,
je ne te condamne pas.
Tu peux t'en aller,
mais ne pèche plus.»
Jean 8, 11

Jésus est parti du mont des Oliviers pour se rendre au temple tôt le matin. La foule se rassemble autour de lui pour l'écouter. Les maîtres de la loi et les pharisiens lui amènent alors une femme surprise en train de commettre l'adultère.

L'évangéliste Jean fait remarquer qu'ils la placèrent devant tout le monde. Pourquoi? Sans doute pour l'humilier, pour établir un contraste entre sa conduite répréhensible et la conduite «parfaite» des «justes». Mais aussi pour mettre Jésus à l'épreuve et essayer de le confondre en public.

On connaît la suite. Jésus se mit à écrire sur le sol. Et il fit aux docteurs de la loi cette réponse étonnante: «Que celui d'entre vous qui est sans péché lui lance la première pierre.» Et l'Écriture dit qu'ils s'en allèrent l'un après l'autre, en commençant par les plus vieux.

Et alors le Seigneur se retrouva seul avec la femme. Il lui fit cadeau de son espérance et lui rendit sa dignité de femme. Il ne la condamna pas. Il lui dit seulement de ne plus pécher à l'avenir.

Ce récit pittoresque et pathétique contient quelques enseignements concernant les pécheurs. D'abord par rapport aux docteurs de la loi et aux pharisiens qui ne sont pas exempts de péché: ils jugent cette femme du haut de leur science et de leur «intégrité morale», ils cherchent à coincer Jésus qu'ils jalousent et qu'ils aimeraient bien confondre. À ceux-là, Jésus rappelle qu'il ne faut pas juger les gens, qu'on ne doit pas se croire supérieur aux autres en sainteté et que personne n'est exempt de péché. Cela devrait suffire pour rester dans l'humilité du pécheur repentant et prémunir à tout jamais quiconque aurait la tentation de faire la leçon aux autres.

Ensuite, Jésus nous donne une autre leçon concernant cette femme. Il est évident que le Seigneur n'approuve pas l'adultère, mais il est tout aussi évident que le Seigneur ne condamne pas « la femme » adultère. Le Seigneur a toujours fait la distinction entre le péché et le pécheur. S'il a condamné le premier, il a toujours aimé le second. Ici, il nous en donne une preuve évidente. La distance qu'il y a entre le péché et la personne qui le commet est précisément l'espace nécessaire pour garder ou retrouver l'espoir, pour pouvoir grandir, pour se relever dans la dignité et le respect, pour ne pas se piétiner, et aussi pour ne pas se faire écraser par les autres. Autrement, le goût de vivre disparaît de nos vies et le désespoir s'empare de nos personnes.

Enfin, le Seigneur conclut en invitant la femme à ne plus pécher. Il sait certainement que nous restons tous vulnérables et qu'il nous arrive hélas de récidiver dans le mal. Mais il veut quand même que notre repentir ne soit pas une simple velléité ou une émotion passagère. Il veut aussi que nous comprenions que le pardon qu'il nous donne porte déjà en lui-même une puissance capable de renforcer notre propre désir de nous amender et de faire mieux dans l'avenir.

La bonté miséricordieuse du Seigneur va jusque là. Pour nous, quand nous péchons. Pour nous aussi, quand nous sommes confrontés au péché des autres.

CATHERINE ET JULIETTE

Catherine a une belle petite famille: un bon mari, deux enfants adorables et bien élevés. Catherine fait de son mieux pour assurer le bonheur des siens et elle y réussit fort bien.

Catherine parle souvent avec Juliette sa voisine. Juliette n'est pas mariée. Elle vit avec Julien qui travaille au même bureau que son époux. L'après-midi, quand les enfants sont à l'école et que les hommes sont au travail, Juliette vient prendre un café chez Catherine. Catherine la reçoit avec joie et cela fait du bien aux deux femmes. Le lendemain, c'est Juliette qui reçoit Catherine chez elle. Elles alternent ainsi de jour en jour. Ce sont deux bonnes amies.

Catherine connaît bien la situation de Juliette et de Julien. Mais elle se garde bien de les juger, encore moins de les condamner. Elle connaît leur histoire. Et sans approuver leur conduite, elle se dit parfois que, si elle avait vécu ce qu'ils ont vécu, c'est peut-être elle qui serait à leur place. Alors elle se contente de prier pour eux, d'entretenir avec eux des relations de bon voisinage. Elle se dit que la charité vaut bien mieux que les reproches.

Et elle laisse à Dieu le soin de faire le reste.

Les pharisiens
et les maîtres de la loi

« Malheur à vous,
maîtres de la loi
et pharisiens hypocrites!»

Matthieu 23, 13

Jésus a eu des paroles très dures envers les maîtres de la loi et les pharisiens hypocrites. Entendons-nous bien au point de départ: Jésus n'a pas réprimandé tous les pharisiens et tous les maîtres de la loi. Il y en avait sûrement de très bons et même d'excellents.

Ce qu'il n'aime pas, mais vraiment pas, chez certains d'entre eux, c'est précisément leur hypocrisie qui prend sa source dans leur orgueil. Qu'est-ce à dire? C'est cette attitude qui consiste à dire une chose et à en faire une autre; pire encore, à enseigner une chose et à en faire une autre; à vouloir passer pour meilleur que l'on est; à vouloir que les autres nous considèrent comme parfaits alors qu'on l'est si peu, etc. Le Seigneur n'aime pas le mensonge, le « m'as-tu vu? », le « regardez-moi », l'orgueil, la vantardise, la vanité. Il remet en cause l'attitude qui consiste à se prendre pour un autre, pour plus fin que les autres, et à faire la leçon à tout le monde, sauf à soi évidemment. Il résiste aux orgueilleux, mais il donne sa grâce aux humbles.

Par contre, parce que Jésus aime tous les pécheurs sans exception, il se doit d'aimer ceux d'entre les pharisiens et les docteurs de la loi qui se montraient hypocrites et orgueilleux. Pour eux, comme pour les autres pécheurs, il a un traitement approprié, on pourrait presque dire « un traitement de faveur ». Il les réprimande vertement, non seulement parce qu'il veut qu'ils améliorent leur conduite, mais aussi en raison de leurs grandes responsabilités. Ce sont en effet des conducteurs de peuple, des enseignants, des éducateurs. Par conséquent, ils doivent le plus possible pratiquer ce qu'ils enseignent, joindre le geste à la parole, s'ils veulent être des témoins crédibles.

Toujours, chez Jésus, ce souci d'aider à grandir, cette passion de l'être humain, cet amour des enfants de Dieu que nous sommes tous.

LA MOQUERIE

Roland rit souvent des autres. C'est une sorte de «spécialité» qu'il a développée, un «sport» qui consiste à découvrir le petit côté des gens et ensuite à s'en moquer pour épater la galerie et faire rire les autres... aux dépens évidemment de la personne qui fait les frais de sa langue. C'est devenu chez lui une vraie manie.

Le problème, c'est que, autant il aime à rire des autres, autant il n'aime pas qu'on rie de lui. Inconsciemment, il se croit parfait, pas du tout risible. S'il prend rarement les autres au sérieux, il veut par contre qu'on le prenne toujours au sérieux, lui.

L'autre jour, il s'est moqué d'Hector à grands coups de langue et à grands renforts de gestes devant toute une galerie d'«admirateurs». Hector, qui avait déjà subi les risées de Roland à quelques reprises, a décidé cette fois-là de lui parler clairement. Devant ses «admirateurs», il lui fit calmement mais fermement quelques réflexions «salutaires». Les «admirateurs», qui avaient bien ri d'Hector, n'ont pas soutenu Roland quand il a reçu son «questionnement». Ils ont commencé par rire jaune, puis ils se sont défilés les uns après les autres.

Depuis ce jour, Roland y pense à deux fois avant de rire des autres.

Et ainsi de suite

Les évangiles contiennent plusieurs autres récits de rencontre de Jésus avec des soi-disant pécheurs. Tu peux toi-même les relire et les méditer. Pour mieux te convaincre de l'amour du Seigneur pour ces personnes que les théologiens appellent les « privilégiés du Christ ».

Regarde par exemple comment Jésus a traité Pierre le renégat (*Jean 21, 15-19*), le larron (Luc 23, 39-43), Judas le traître (*Matthieu 26, 49*), le paralytique (*Matthieu 9, 1-8*), etc.

Et puis, tu peux toujours relire et méditer lentement les merveilleuses et inépuisables paraboles de la miséricorde que Luc nous a transmises (*chapitre 15*).

2. C'EST ENCORE PAREIL AUJOURD'HUI

Le Christ est toujours le même

Le Christ ne change pas. Il est le même hier, aujourd'hui et demain. Ce qui veut dire que, si le Christ aimait quand il vivait sur la terre, il continue d'aimer encore maintenant.

Ce que Jésus faisait pour les gens de son temps, il le fait tout autant pour nous. Le Christ est toujours en amour. Et nous sommes nous aussi toujours aimés de lui.

C'est dire que nous sommes invités à accueillir son amour en nous, à accueillir son désir de nous aimer, à nous laisser aimer. Non seulement ne pas résister à son amour, mais nous exposer à lui. Comme nous nous exposons au soleil qui petit à petit nous bronze, nous transforme, nous bonifie.

Le Seigneur nous aime tous

L'amour du Seigneur englobe tout le monde. Il n'oublie personne. Jésus ne fait pas de distinction entre les gens.

Il nous aime tels que nous sommes. Pas tels que nous voudrions être; non, tels que nous sommes: avec nos qualités mais aussi avec nos défauts, avec nos bons coups mais aussi nos mauvais coups. Pas même tels qu'il voudrait que nous soyons; non, tels que nous sommes: en positif mais aussi en négatif. Il nous accepte avec nos talents et nos limites, avec nos succès et nos échecs, avec nos richesses et nos blessures. Comme un papa et une maman acceptent leurs enfants tels qu'ils sont. Comme un fiancé accepte sa fiancée comme elle est. Comme une épouse accepte son époux pour ce qu'il est.

Et alors, et c'est cela qui est merveilleux, le miracle de l'amour se produit encore et encore. Qu'est-ce à dire? C'est que l'amour possède ce pouvoir extraordinaire d'améliorer les êtres qui le vivent, de les transformer pour le mieux, de changer leur cœur, de les rendre beaux aux yeux des êtres qui aiment et aussi des êtres aimés.

Il suffit d'accueillir l'amour du Seigneur dans notre vie, de nous laisser aimer. Et alors l'amour du Seigneur nous embellit, nous rend meilleurs. Cela ne veut pas dire que nous devons rester passifs et que nous n'avons rien à faire pour nous améliorer; cela signifie que l'amour du Seigneur que nous accueillons dans notre vie nous donne la force et la motivation nécessaires pour nous transformer. L'amour du Seigneur devient un soleil qui nous donne des énergies nouvelles, une vitamine qui nous donne des ailes.

Au lieu de gémir sur notre sort, de nous trouver misérables et laids, de nous comparer aux autres et de les jalouser même, de vivre frustrés et déçus, n'est-il pas préférable pour nous et pour les autres de nous savoir aimés de Dieu et d'entrer petit à petit dans le mouvement transformateur de son amour?

VIVRE EN AMOUR

Éric n'est plus le même depuis qu'il est en amour. Avant que Mélanie entre dans sa vie, il s'habillait «tout croche», il ne prenait pas soin de sa personne; ses cheveux étaient toujours en bataille, sa barbe était mal rasée, ses ongles étaient mal coupés, ses souliers n'étaient pas cirés. Et surtout, il avait dans la face un air un peu «bête».

Mais depuis qu'il se sait aimé de Mélanie, il fait attention à sa personne. Il s'habille mieux, se peigne mieux, se rase

mieux, etc. Et surtout il a la figure comme un soleil: ses yeux sont pleins de lumière et sa bouche sourit continuellement.

Bien plus, lui qui ne s'appréciait pas plus qu'il ne le fallait, qui même à certains jours se trouvait ni beau, ni bon, ni fin, se surprend maintenant à se regarder dans le miroir et à se trouver «pas si mal que cela». Depuis qu'il se sait aimé, apprécié et accepté par Mélanie, il change à vue d'œil. Et pour le mieux. Si bien que ses parents ne le reconnaissent plus et sont bien contents qu'une petite fille du nom de Mélanie ait réussi en quelques semaines ce «petit miracle».

L'amour n'aura jamais fini de nous étonner!

Le Seigneur a des préférés:
les pauvres... et nous en sommes

Si le Seigneur nous aime comme tout le monde, il nous aime aussi parce que nous avons nos propres pauvretés. Et à ce titre spécial, il nous aime comme ses préférés.

Qui en effet parmi nous n'a pas ses petites ou ses grandes misères? Connues ou inconnues? Révélées ou cachées? Et qui n'en souffre pas? Combien de fois ne nous surprenons-nous pas à dire: «Ah! si je n'avais pas tel défaut, si je n'avais pas tel handicap, si je n'avais pas telle limite!» Ou encore: «Si je n'étais pas si faible, si malade, si gauche, si stupide!» Et nous nous mettons à rêver à la santé parfaite, à la maison idéale, aux relations humaines sans accrochages, à la fortune totale, au bonheur sans nuages! Et même parfois nous nous mettons à nous comparer à un tel à qui tout réussit, à une telle qui file le bonheur parfait... nous avons même nos petites ou nos grandes poussées de jalousie, de frustration, de colère ou encore de dépit, de découragement, de désespoir. De toutes manières, nous souffrons de nos misères, nous avons du mal à supporter nos pauvretés... et nous nous faisons du mal.

C'est à cause de notre pauvreté fondamentale que le Seigneur nous aime comme ses préférés. Accepter son amour particulièrement quand nous souffrons, particulièrement au cœur de nos épreuves, particulièrement au milieu de notre être imparfait, blessé et brisé, c'est lui donner la chance, non seulement de nous aimer d'une manière spéciale, mais aussi de nous aider à grandir en toutes circonstances. Lui faire une place dans notre cœur de personne blessée, lui offrir et même lui donner nos brisures, c'est prendre le risque de l'amour jusqu'au bout de notre cœur et du cœur de Jésus; c'est accepter de jouer le jeu de l'amour sans limites qui est l'amour même du Seigneur. Dieu n'est-il pas assez puissant pour tirer du bien même du mal qui nous arrive ou qui est en nous? L'amour du Seigneur n'est-il pas assez fort pour nous permettre de trouver ou de donner un sens à la pauvreté de nos existences et à la misère de notre être?

UN PETIT ÉCLOPÉ

Murielle et José vivent en harmonie avec leurs quatre enfants. L'autre jour, leur plus jeune, le petit Jean-Pierre, s'est foulé une cheville en courant à toute vitesse après son ballon dans la cour. Il ne vit pas le trou qu'il y avait dans le sol et son pied se tordit sous la pression du corps et de la vitesse de cette petite tornade vivante. Il hurla de douleur et fut quitte pour marcher avec des béquilles pendant quelques jours.

La première réaction de Réal, son grand frère, fut de lui dire: «Tu aurais bien pu faire attention. Regarde où tu marches... Comme cela, tu ne te feras pas mal.» Mais ses parents lui firent comprendre que Jean-Pierre avait plus besoin d'affection que de reproches. Et tous les membres de la famille s'occupèrent de lui avec attention et amitié. Annie, sa petite sœur, dit tout simplement: «C'est normal qu'on l'aime un peu plus qu'à l'habitude: il est malade.» Après cela, il n'y avait plus rien à dire.

Le Seigneur a des privilégiés: les pécheurs... et nous en sommes

Nous sommes tous pécheurs. Pas uniquement parce que nous commettons des actes précis contre la loi de Dieu, contre notre conscience, mais simplement déjà par tout ce que nous omettons, par orgueil, par dureté de cœur, par égoïsme, par manque d'amour, d'attention, par négligence... L'expérience de tous les jours nous le prouve à l'évidence. Même si nous ne sommes pas, souhaitons-le, des pécheurs notoires, nous savons trop que le péché nous cheville le cœur aussi sûrement que la pelure colle à la pomme.

Le Seigneur nous aime d'un amour tout spécial, précisément parce que nous sommes pécheurs. Le Seigneur n'approuve pas notre conduite, mauvaise ou médiocre, il n'est pas d'accord avec nos bêtises, il n'aime pas notre péché, c'est sûr. Mais il nous aime comme ses privilégiés. Il veut que nous acceptions sa compagnie dans nos vies de pauvres pécheurs. Il veut que nous sachions que son pardon nous est toujours disponible et que rien ne lui procure plus de joie que de nous voir revenir à lui avec un cœur contrit et une âme repentie. Et alors, comme à l'habitude, son amour fait le reste: il nous convertit, nous transforme, nous libère, nous pacifie, nous grandit.

Le Seigneur, en effet, ne peut se désintéresser de ses enfants, de tous ses enfants, particulièrement de ses enfants infirmes et faibles, et même de ses enfants prévaricateurs. C'est pourquoi, s'il nous aime dans nos pauvretés comme ses préférés, il nous aime dans notre état de pécheurs comme ses privilégiés.

Tu te désespères peut-être à cause du grand nombre de tes péchés ou à cause de leur couleur ou de leur teneur. Sache bien que le Seigneur ne fait pas de distinction entre pécheurs et pécheurs. Il les aime tous et il veut que tous participent à la grande fête de famille du Royaume. C'est pourquoi il n'attend même pas qu'ils reviennent à lui, il se lance à la recherche des « brebis perdues ». Il suffit de se laisser rejoindre, de se laisser aimer, de se laisser prendre dans les bras du Seigneur, de se laisser serrer contre son cœur... Il suffit d'accepter son amour. Et l'amour fait le reste: à l'amour reçu correspond l'amour donné. Si tu es aimé, tu te mettras à aimer à ton tour. Si tu es pardonné, tu te mettras à pardonner toi aussi. Si le Seigneur oublie ta faute, toi aussi tu oublieras ta mauvaise conduite et tu changeras ton cœur.

Souviens-toi, le Seigneur n'agit pas envers nous, pécheurs, par pitié. Il agit par pure bonté. Ce n'est pas en raison de notre état misérable qu'il s'occupe de nous, c'est en raison de la surabondance de son amour pour nous. Si un père ne peut oublier son fils méchant et pervers, comment un Dieu pourrait-il oublier ses enfants pécheurs? Dieu est toujours en amour avec nous. C'est nous qui malheureusement prenons trop souvent congé de son amour. Dieu nous tend toujours la main et il est toujours prêt à marcher avec nous. C'est nous, hélas, qui lâchons sa main.

DES PARENTS AIMANTS

Ferdinand est un as de pique pas ordinaire. Il en a fait voir de toutes les couleurs à son père et à sa mère. Plongé dans la drogue jusqu'au cou et forcément dans les dettes, il a presque mis son père dans le chemin pour payer ses factures de dope.

Comme il fallait s'y attendre, Ferdinand s'est retrouvé un certain samedi soir à la prison locale: possession de cocaïne en vue d'en faire le trafic. Ferdinand est en tôle depuis trois mois déjà, en attente de son procès et de sa sentence.

Ferdinand a le cerveau quelque peu brûlé par la poudre blanche. Il téléphone à ses parents, à frais virés évidemment, au moins une fois par jour. Ce qu'il leur dit n'est pas toujours très catholique: il leur demande encore de l'argent pour son tabac, pour sa cantine, pour tout; parfois il leur dit des bêtises, il sacre et s'emporte. L'autre jour, dans un moment de découragement, il leur a même dit qu'il ne voulait plus rien savoir d'eux. Ferdinand est tout mêlé. Il ne comprend plus personne et il ne se comprend plus lui-même.

Ses parents auraient toutes les raisons de le laisser tomber. Après tout ce qu'il leur a fait endurer! Après tout ce qu'ils ont payé pour lui! Pourtant, tous les dimanches après-midi, ils se présentent à la visite pour voir leur fils. Au gardien qui leur demande comment ils font pour continuer à venir voir un fils si ingrat, ils font toujours la même réponse: «C'est notre enfant, on ne peut pas le laisser tomber.»

Et, dimanches après dimanches, Ferdinand s'améliore...

3. À LA MANIÈRE DE JÉSUS

« Tu aimeras »

Luc 10, 27

À la manière de Jésus

> « *Je vous donne*
> *un commandement nouveau:*
> *aimez-vous les uns les autres,*
> *comme je vous ai aimés.* »
>
> Jean 13, 34

Au fond, le Seigneur ne nous a donné qu'un seul commandement qui est celui de l'amour. « Tu aimeras », a-t-il dit au légiste qui l'interrogeait sur ce qu'il devait faire pour obtenir la vie éternelle. Ensuite le Seigneur a pour ainsi dire « déplié » ce commandement en amour de Dieu, en amour du prochain et en amour de soi.

Il n'y a rien d'étonnant à ce que le Seigneur nous ait demandé de pratiquer l'amour de charité, puisque nous sommes tous faits à l'image de Dieu (*Genèse 1, 27*) et que, nous l'avons vu, Dieu est amour (*1 Jean 4, 8*).

Nous sommes invités à pratiquer cet amour « à la manière de Jésus »: « Comme je vous ai aimés, aimez-vous les uns les autres », dit Jésus à ses disciples (*Jean 15, 12*). Qu'est-ce à dire? Il est évident que nous ne pouvons pas aimer aussi parfaitement que Jésus lui-même. Notre « imitation » de Jésus est forcément limitée, faible, toujours en deçà de l'amour total du Seigneur. Tout au plus pouvons-nous chercher à le « suivre » le mieux possible, c'est-à-dire à mettre nos pas dans ses pas, à suivre les chemins qu'il a lui-même empruntés quand il vivait parmi nous. Le « comme » auquel Jésus nous convie est moins une comparaison qu'une participation, la plus grande possible et la meilleure possible, à sa puissance d'aimer.

C'est l'Esprit du Père qui animait Jésus qui va nous rendre capables, nous aussi, d'aimer comme lui, d'aimer à sa manière: «Il faut se mettre à l'école de l'Esprit Saint. C'est lui qui a conduit Jésus, c'est lui aussi qui peut nous guider pour suivre Jésus. L'Esprit Saint renouvelle en nous les expériences et les mystères de Jésus et il nous donne de les vivre dans le contexte de notre vie quotidienne » (Bernard Lambert).

Cette tâche à laquelle le Seigneur et l'Esprit nous appellent nous concerne tous, tant individus que communautés chrétiennes.

Essayons de voir cela d'un peu plus près.

« Aimer Dieu »

La prière

> « *Quand vous priez...* »
> Matthieu 6, 7

Il y a bien des façons d'aimer Dieu, et bien des lieux pour le faire, par exemple en écoutant sa Parole et en la mettant en pratique. Mais de même que Jésus manifestait un amour particulier envers son Père en le priant, de même,

nous aussi, nous sommes appelés à aimer Dieu particulièrement dans la prière.

Que notre prière se fasse accueil de l'amour du Père
pour nous, ses enfants, attention bienveillante et bienfai-
sante du Fils pour ses frères et sœurs, diffusion puissante
de la force de l'Esprit en nous. Être convaincus que nous
sommes passionnément aimés de Dieu: le lui dire, lui rendre grâce, le louer, s'en réjouir...

Que notre prière aussi soit un hymne de confiance
envers le Seigneur: que nous lui présentions toutes les personnes qu'il nous a données à aimer, à aider, à conduire...
toutes les personnes que nous aimons et qui nous aiment,
celles également que nous aimons moins et qui nous aiment
moins, celles enfin que nous n'aimons pas et qui ne nous
aiment pas, hélas.

Que notre prière rejoigne notre vécu quotidien, avec ses
joies et ses souffrances, avec ses succès et ses échecs, avec
ses beautés et ses laideurs. Ainsi, elle devient tout à la fois
action de grâce et demande, louange et intercession, ado-
ration et pardon...

Et petit à petit, c'est toute la Trinité qui entrera en nous,
et c'est aussi avec Elle que nous nous mettrons en contact.

REPOS DANS LE SEIGNEUR

*Quand Jérôme arrive à la fin de sa journée de pasteur,
il est souvent fourbu. Il a passé la majeure partie de son temps
à faire du ministère. Il a, comme il dit parfois, alimenté les
autres par la prédication et la catéchèse; il a fait prier les autres
aussi.*

Jérôme ne s'endort jamais sans passer par l'église pour y faire un brin de causette avec le Dieu auquel il a voué sa vie. Il sait très bien le danger qu'il y a à alimenter les autres sans s'alimenter soi-même, à faire prier les autres sans prier soi-même.

Il s'assied tranquillement dans le premier banc de l'église. Parfois même il s'assied par terre, en yogi, juste devant le Saint Sacrement. Et là, tout doucement, il repasse sa journée: les diverses activités qui l'ont remplie, les personnes rencontrées, les personnes oubliées ou omises..., ses bons coups mais aussi ses mauvais. Il remercie, il demande pardon, il prie pour les gens que le Seigneur lui a donnés à paître, à aimer... pour les autres aussi. Il prie un peu pour lui également. Puis, il se tait. Il demeure en présence de son Dieu «pour le plaisir d'être ensemble», à se faire dorer au soleil divin. Il est bien. Il est déjà en grand repos. C'est un prélude merveilleux à son sommeil. Il lui arrive même parfois de s'endormir dans le banc de l'église et de se réveiller une heure ou deux plus tard.

Jésus se trouvait bien avec son Père quand il montait sur la montagne la nuit pour prier. Il savourait ces moments d'intimité comme un cadeau merveilleux de son Père. Jérôme est bien avec son Dieu quand, sur le tard, il le rencontre dans le silence de la nuit et dans le secret de son cœur.

«Aimer tout le monde»

Un amour universel

«*Aimez-vous les uns les autres*»

Jean 15, 12

Le Seigneur nous a demandé d'aimer. Il ne nous a pas demandé d'être aimés. Souvent, l'un conduit à l'autre. La meilleure façon d'être aimé n'est-elle pas d'aimer en vérité?

Aimer les gens qui vivent en Chine, en Australie, au bout du monde, c'est relativement facile. Ils ne nous dérangent pas. Ils sont loin. Mais aimer les gens que nous rencontrons et qui nous rencontrent tous les jours, c'est souvent plus difficile. On se connaît trop. Et pourtant, c'est particulièrement à ces personnes que le Seigneur pensait quand il nous demandait d'aimer notre «prochain», c'est-à-dire les personnes qui vivent juste à côté de nous.

Il se peut qu'il y ait des gens qui ne nous aiment pas. Nous n'avons pas de contrôle sur l'amour que les autres ont pour nous: c'est une question de choix et de liberté pour eux. Encore que notre comportement envers eux puisse dicter jusqu'à un certain point leur amour pour nous. Mais il ne devrait pas y avoir de gens que nous n'aimons pas.

Le Seigneur n'a pas dit: «Tu aimeras ton prochain... excepté un tel qui n'est pas aimable, excepté une telle qui te tombe sur les nerfs, excepté celui-là qui est souverainement détestable, excepté celle-là qui bavasse de toi dans ton dos, etc.» Non, le Seigneur a enseigné ce qu'on pourrait appeler «le totalitarisme de la charité».

Que les autres ne t'aiment pas, c'est leur affaire. Que tu n'aimes pas les autres, c'est ton affaire. Ou plutôt, c'est une affaire entre toi et Dieu.

Y a-t-il des personnes qui sont exclues de mon amour? Ne serait-ce qu'une seule? Alors il me faut reviser les attaches de mon cœur, il me faut refaire le tissu de mes affections.

Oui, c'est bien beau tout cela! Mais si l'autre ne veut pas que je l'aime... comme cela arrive parfois? Je ne peux tout de même pas lui imposer mon amour! C'est vrai! Alors, il faut l'aimer dans ton cœur et du plus profond de ton cœur. Il faut prier pour lui, pour que le Seigneur lui apporte la paix et change son cœur à ton endroit. Il faut te disposer à lui rendre service si jamais l'occasion s'en présentait. Il faut être disponible pour entrer tout droit dans la porte de son cœur si jamais il l'entrouvrait, ne fut-ce qu'un tout petit peu.

Dieu ne nous demande pas d'imposer notre amour aux autres. Il nous demande de disposer notre cœur à aimer le plus et le mieux possible en toutes circonstances et à aimer toutes personnes.

Inutile de se le cacher, ce n'est pas facile. C'est une grâce qui se demande dans la prière fervente et régulière, et qui se pratique dans la quotidienneté de la vie avec la ferveur de la charité et le courage des recommencements constants.

LUCIENNE

Lucienne n'a pas simplement la main sur le cœur. Elle a aussi le cœur sur la main. Et avec le sourire à part ça. On dirait qu'elle est née pour faire plaisir aux gens qu'elle rencontre à longueur de journée. On dirait qu'elle est incapable de se fâcher. Elle ne semble pas avoir d'ennemis. Tout le monde la trouve fine et gentille. Tout le monde veut être son ami. Comme disent les jeunes, elle dégage des vibrations positives, de la bonté, de la bienveillance, de l'amour quoi!

Il est sûr que Lucienne a été gâtée par la nature. Elle a tout naturellement un bon caractère. Elle se trouve bien chanceuse qu'il en soit ainsi pour elle. Et tous les jours, elle remercie le bon Dieu pour ses belles qualités.

Ce que les gens ne savent pas, c'est que Lucienne a aussi ses migraines régulières, ses maux de tête tout aussi réguliers, qu'il y a des gens qui lui tombent sur les nerfs, et que de temps en temps elle enverrait tout le monde promener, si ce n'était que d'elle.

Mais elle ne le laisse pas voir. Ce n'est pas qu'elle soit hypocrite. C'est qu'elle a développé une bonne maîtrise d'elle-même et surtout qu'elle prie Dieu tous les soirs pour qu'elle soit un exemple vivant de sa bonté pour les gens qu'elle rencontre chaque jour. Elle considère que les gens ont trop de prix à ses yeux et aux yeux de Dieu pour les maltraiter et les «écœurer». Alors elle s'efforce de les accueillir le mieux possible, de leur apporter un peu de joie, bref de les aimer.

Et, ma foi, elle y réussit fort bien!

Un amour missionnaire

> « *J'ai encore d'autres brebis* »
> *qui ne sont pas de cet enclos.* »

Jean 10, 16

Le Seigneur était préoccupé par les « brebis » qui étaient au loin: celles qui n'étaient plus dans le bercail, parce qu'elles s'en étaient éloignées ou parce qu'elles s'étaient pedues; celles également qui n'y avaient jamais été. La parabole de la brebis perdue illustre bien le souci du Maître pour toutes les brebis (*Matthieu 18, 10-14*). De même, Marc observe que, lors de la multiplication des pains, le Seigneur « en sortant de la barque, vit cette grande foule, et son cœur fut pris de pitié pour tous ces gens *parce qu'ils ressemblaient à des brebis qui n'ont pas de berger* ». Et il continue en disant: « Il se mit à les instruire longuement » (*Marc 6, 34-35*). Le Seigneur lui-même dira: « J'ai encore d'autres brebis qui ne sont pas de cet enclos » (*Jean 10, 16*).

L'amour de Jésus est essentiellement missionnaire. Il ne se limite pas aux « brebis d'Israël ». Il déborde chez la Cananéenne (*Matthieu 15, 21-28*), chez la Samaritaine (*Jean 4, 1-42*), chez les gens de Tyr et Sidon, (*Marc 3, 7-12*), etc. Son évangile est une Bonne Nouvelle: il faut qu'elle soit connue du plus de monde possible. Jésus est conscient que son message est un message de bonheur et, comme il aime les gens, il veut qu'ils le connaissent et le mettent en pratique à tout prix. C'est pourquoi il tient tant à évangéliser le plus de gens possible, et c'est la même passion qui le pousse à envoyer les disciples aux gens.

Il ne saurait en être autrement aujourd'hui. Le message de l'évangile ne saurait être la chasse-gardée d'un groupe d'initiés. De par sa nature même, il est fait pour être répandu partout et connu de tous. C'est pourquoi un chrétien est par définition un missionnaire. C'est pourquoi une communauté religieuse est par nature missionnaire, quelle qu'elle soit, pas seulement celles qui par «fondation» sont reconnues comme missionnaires. C'est pourquoi une communauté chrétienne paroissiale l'est aussi.

Une communauté qui se contente d'«entretenir» les brebis qui restent est une communauté condamnée à mourir. Une communauté qui ne cherche pas à répandre la bonne nouvelle du message de Jésus par la prédication, le témoignage, les œuvres, le martyre même, est une communauté moribonde.

À l'instar de Jésus, comme individus mais aussi comme communautés, nous sommes instamment invités à être missionnaires, c'est-à-dire à avoir la hantise des «autres brebis», des «brebis sans berger», qui ont tant besoin de l'espérance générée par l'évangile de Jésus, à ne pas nous laisser accaparer par les «quatre-vingt-dix-neuf brebis» qui vont bien.

LE C.P.P. DE ST-ILDEFONSE

L'autre soir, les membres du Conseil de pastorale de la paroisse de St-Ildefonse se sont réunis pour faire le point sur la situation de la communauté chrétienne. Ils ont constaté que les quêtes diminuent d'année en année, ce qui est un indice que les assistances à la messe dominicale diminuent aussi. Les baptêmes diminuent aussi, ce qui veut dire qu'il y a moins de naissances dans la paroisse, mais aussi que certains parents retardent pour faire baptiser leurs enfants ou tout simplement ne les font pas baptiser du tout. Ils ont remarqué aussi qu'il y a bien peu de jeunes aux messes dominicales.

Ce constat n'a pas été sans leur causer une grande inquiétude: non pas à cause de la quête qui baisse mais à cause de la masse de gens que la pastorale traditionnelle ne rejoint plus, sinon à l'occasion d'un mariage, d'une funéraille ou d'un baptême et surtout à cause du fait que l'évangile de Jésus ne les atteint pas pour éclairer leur vie d'une vraie espérance. Il ne s'agissait pas tant pour eux de faire de la «récupération» de paroissiens perdus que de devenir vraiment missionnaires. Ils durent en effet se rendre compte qu'ils ne vivaient plus en pays chrétien comme il y a trente ans, quand tout le monde venait à la messe, faisait baptiser les enfants, saluait le curé comme l'autorité de la place et qu'il y avait des vocations religieuses et sacerdotales en quantité. Leur terre était devenue une terre de mission, rien de moins.

Alors ils se mirent à réfléchir sur la situation nouvelle qui leur crevait les yeux et le cœur. Ils prièrent aussi et firent prier. Puis, petit à petit, ils mirent sur pied une «pastorale missionnaire»: visite des foyers, préparation plus poussée aux sacrements de baptême, de mariage, à la première communion et à la première confession, prédication plus étroitement branchée sur l'évangile et sur la vie, engagement de laïcs, ouverture du sous-sol de l'église pour toutes sortes d'activités, vestiaire pour les plus indigents, popote roulante, chorale mieux organisée, service de l'autel renouvelé, visite systématique non seulement des malades, mais des personnes seules et des aînés de la paroisse, etc.

Bref, la paroisse fut animée d'un second souffle qui n'était rien moins que le souffle de l'Esprit Saint lui-même qui renouvelle toutes choses et toutes personnes. L'évangile n'était pas simplement enseigné ou prêché, il était vécu, mis en œuvre, traduit en activités de toutes sortes et en témoignages variés.

Et tout le monde en fut plus heureux.

Un amour véritable

« *Mes petits enfants,
n'aimons pas seulement avec des mots
mais avec des actes,
véritablement.* »

1 Jean 3, 18

Le véritable amour ne saurait se contenter de belles ou de bonnes paroles, même si celles-ci sont parfois nécessaires et bien réconfortantes. Les paroles d'encouragement, les paroles de reconnaissance pour ce que l'on fait, aident énormément à poursuivre le travail commencé et constituent un puissant stimulant. Mais l'amour vrai va plus loin.

Le véritable amour ne consiste pas en du « minouchage » ou du « miellage ». Il ne se satisfait pas d'une tape sur l'épaule, d'une poignée de mains ou d'un petit bec sur la joue. Il va bien plus loin.

La personne qui aime vraiment ne ménage pas ses efforts pour rendre l'autre plus heureux ou meilleur. Elle passe aux actes, comme nous le rappellent les apôtres Jean (*3, 18*) et Jacques (*2, 14-26*) dans leurs lettres.

La personne qui aime véritablement ne pose pas seulement des gestes de service ou de dépannage. Elle n'hésite pas, chaque fois que c'est nécessaire pour le bien de l'autre, à le confronter avec lui-même, à le remettre en question, à l'amener à aller jusqu'au bout de lui-même. Aimer, c'est vouloir le bien de l'autre et, pour ce faire, il faut parfois prendre des « moyens spéciaux » pour l'amener à réfléchir et pour l'aider à grandir. Le Christ n'a pas hésité à confronter avec force les pharisiens à leurs pratiques et à renverser les tables des changeurs du Temple, pour les amener à reviser leurs points de vue et leurs manières de vivre. Il ne l'a pas fait par colère ou sous le coup d'un caractère impulsif, mais précisément parce qu'il voulait leur bien.

De même, par amour véritable des gens, ne faut-il pas parfois les aimer avec une certaine fermeté? Rappelons-nous toujours toutefois que c'est l'amour qui dicte notre conduite et non notre colère ou l'impulsion du moment. Et tant mieux si dans notre démarche ils découvrent l'amour qui l'anime!

ERNESTINE ET ALBERTINE

Ernestine, religieuse de St-X, en faisait voir de toutes les couleurs aux membres de sa communauté. Elle n'en faisait qu'à sa tête, montrait son mauvais caractère à qui voulait l'entendre et même aux autres. Tout le monde la fuyait, excepté son petit cercle d'«admiratrices» qui avaient tellement peur d'elle qu'elles préféraient «être de son bord» plutôt que subir ses foudres.

Un jour, Ernestine tomba malade et se retrouva à l'infirmerie pour quelques semaines. Albertine, qui est la douceur même et qui passe pour une grande silencieuse dans la communauté, alla lui payer une petite visite amicale. Au cours de la conversation, prenant son courage à deux mains, sans un gramme de colère mais avec un bon kilo d'amour véritable, elle lui dit tout simplement: «Si tu savais comme on est bien depuis que tu es à l'infirmerie!» Puis elle lui donna un petit bec sur la joue et lui demanda de prier pour elle, tout en l'assurant qu'elle en ferait autant pour sa santé.

Une fois seule, Ernestine retourna sur tous les bords la remarque d'Albertine. Elle en eut le cœur tout à l'envers pour une bonne heure et ses sentiments passèrent du bleu violacé de la colère au gris sombre de la tristesse. Mais, une fois que la vague de son lac intérieur se fut calmée, elle se mit à réfléchir: elle n'eut pas de difficulté à revoir le film de ses récentes interventions «tonitruantes» auprès de certaines de ses compagnes. Et plus elle déroulait son film, plus elle en trouvait. Elle fit un examen de conscience pénible et douloureux qui lui mit un «motton» dans la gorge pour un bon moment. Mais en même temps, elle ne pouvait s'empêcher d'admirer Albertine pour son courage: «Ça doit être cela, le vrai courage de l'amitié», se dit-elle.

Par la suite, elle modifia petit à petit son comportement. Ce ne fut pas facile, car elle était prise avec l'«image» qu'elle projetait depuis si longtemps. Mais d'un jour à l'autre elle s'améliora. Si bien qu'aujourd'hui tout le monde la trouve «bien fine».

Et Dieu fut loué dans la charité courageuse d'Albertine et dans le désir de changer d'Ernestine.

«Aimer les pauvres»

Un amour de préférence

*«Invite à ta table des pauvres,
des estropiés, des boîteux, des aveugles...
des gens qui ne peuvent te le rendre.»*

Luc 14, 13

Nous le savons, Jésus a pratiqué à l'envie l'amour des plus malheureux, des plus démunis, des malades, des rejetés, des exclus, bref des pauvres. Il l'a pratiqué, mais il l'a enseigné aussi.

Au légiste qui lui demandait qui était son prochain, le Seigneur répondit en racontant la très belle parabole du bon samaritain (*Luc 10, 29-37*). Le prochain, c'est celui qui se fait proche de la personne qui souffre, qui est dans le besoin, qui est plus mal-prise que toi. Le prochain, c'est aussi la personne qui en arrache dans la vie et que tu secours de toutes les façons qui te sont possibles.

Le Seigneur tient tellement à cet amour préférentiel envers les plus petits que soi qu'il l'a enseigné plus d'une fois. Par exemple, l'évangéliste Matthieu nous rapporte que l'une des caractéristiques de toute communauté chrétienne, c'est précisément le soin qu'elle met à s'occuper de ses membres les plus faibles: Jésus prend alors l'exemple de l'enfant à ne pas scandaliser et de la brebis perdue à retrouver (*18, 5-14*).

Mais l'enseignement peut-être le plus beau et aussi le plus percutant que Jésus ait donné sur l'amour effectif des plus démunis se retrouve dans ce fameux passage intitulé « Le jugement dernier » et qui nous est rapporté encore par Matthieu (*25, 31-46*). Il vaut la peine de s'y arrêter un peu.

Le Seigneur commence par signaler que l'amour des malades, des affamés, des assoiffés, des prisonniers, etc., constitue la matière fondamentale du jugement dernier, ce qui n'est pas peu dire. Ensuite, le Seigneur n'hésite pas à s'identifier lui-même à la personne pauvre: « Chaque fois que vous l'avez fait à l'un de ces plus petits qui sont mes frères, c'est à *moi* que vous l'avez fait » (v. 40). Enfin, le Seigneur semble attacher beaucoup d'importance à ce péché d'omission qui consiste à ne pas aimer les personnes mal-prises.

Ces enseignements de Jésus sur l'amour des plus démunis n'est pas à prendre ou à laisser. Il est à prendre, puisque non seulement le Seigneur l'a pratiqué abondamment, mais qu'il y a attaché tant d'importance.

Y a-t-il des pauvres dans notre vie? Ne fut-ce qu'un seul? Si oui, bravo. Si non, dépêchons-nous d'en trouver. C'est une question de salut non seulement pour eux mais surtout pour nous.

PETIT PIERRE

Petit Pierre a six ans. Mais, c'est déjà un homme. Surtout quand il se compare à sa petite sœur Julie qui, elle, n'a que deux ans et demi.

L'autre jour, Julie s'est avisée de monter sur l'une des chaises qui entourent la table de la cuisine. Et puis, une fois partie, pourquoi pas monter aussi sur la table? Sitôt pensé, sitôt fait. Durant tout le temps de son escalade, Julie, trop occupée à ce qu'elle faisait, n'a pas eu peur du tout. Mais, une fois debout sur la table, voilà qu'une belle frousse s'est emparée d'elle. De se voir si haut juchée et surtout de constater qu'elle ne savait plus comment redescendre lui a fait battre le cœur bien vite. Elle s'est mise à pleurer et a crié bien fort. Pauvre Julie!

Petit Pierre qui se trouvait tout près a vite réalisé l'urgence de la situation. Tout doucement, il est monté sur la chaise, a tendu les bras à sa petite sœur, l'a serrée tendrement tout contre lui et l'a déposée lentement sur la chaise. Puis, il est descendu de la chaise jusque sur le plancher et de là il a répété le même manège. Et Julie s'est retrouvée toute souriante sur le plancher de la cuisine, sauvée par son «grand» frère Pierre. Elle a vite sauté au cou de son sauveteur et l'a spontanément embrassé avec affection et reconnaissance. Et tous deux étaient bien contents.

Et Petit Pierre a dit à sa maman en bon philosophe qu'il était: «Il fallait bien que je l'aide: elle est bien plus petite que moi.» Raisonnement d'enfant, dira-t-on. D'accord. Mais, il y a plus que cela. Petit Pierre a depuis longtemps appris de l'exemple de ses parents qui, eux, l'ont appris du Seigneur dans l'évangile, qu'il faut aider plus mal-pris que soi chaque fois que c'est possible. Car alors, c'est le Seigneur qui nous fait signe. Cela s'est profondément gravé dans son petit cœur d'enfant et, depuis, il le pratique tout naturellement.

Des pauvres, il y en a ici même

> « *Des pauvres,*
> *vous en aurez toujours*
> *parmi vous.* »
>
> Marc 14, 7

On s'imagine parfois que les pauvres sont au bout du monde, surtout dans le Tiers-Monde. C'est vrai qu'il y en a beaucoup là-bas. Les journaux et la télévision nous en montrent régulièrement.

Mais il y en a ici aussi. Les personnes mal-parties dans la vie, les mal-aimées, mal-famées, méprisées, etc. Les personnes qui souffrent d'un manque dans leur existence: manque de santé (les malades), manque de travail (les chômeurs), manque de reconnaissance sociale (les rejetés, les exclus, les mal-vus, les jugés, les condamnés de nos sociétés), manque d'affection, manque d'instruction (les analphabètes, etc.), manque de liberté (les prisonniers, les internés, etc.)...

Il suffit d'ouvrir les yeux de son corps et de son cœur pour en découvrir. Il suffit d'ouvrir les oreilles de son corps et de son cœur pour entendre leurs cris.

Si à certains égards nous portons tous des pauvretés, si nous sommes tous pauvres sur un point ou sur un autre, il y aura toujours plus pauvres que nous et ce sont ces derniers que le Seigneur nous convoque à aimer.

IRÈNE

Tous les après-midi que le bon Dieu lui donne, Irène part de sa maison avec son petit panier sous son bras. Qu'est-ce qu'il y a dans son petit panier? Des pommes, des oranges, du raisin, du chocolat... et puis des livres, des brochures... et encore des médailles, des chapelets, des croix, des images pieuses...

C'est une longue histoire et une belle histoire. Irène s'ennuyait à longueur de journée. Elle regardait le temps passer lentement. Elle languissait à regarder la télévision et à «commérer» au téléphone, il faut bien le dire, avec ses amies.

Puis, par un concours de circonstances qu'il serait bien long d'évoquer ici, elle se trouva en contact avec une grande malade dans la rue voisine de sa demeure; cette malade lui en signala un autre, puis un autre et une autre encore. Toujours est-il que, de fil en aiguille ou plutôt d'un malade à l'autre, Irène se retrouva avec une bonne liste de malades, mais aussi d'autres personnes en difficulté. Aujourd'hui, Irène a une liste impressionnante de personnes qu'elle aide et qu'elle aime, mais aussi qui l'aident et qui l'aiment. En fait, ce sont des solitudes, la sienne et celle des autres, qui ont été subitement peuplées; ce sont des ennuis, le sien et celui des autres, qui ont été vaincus; ce sont des misères, la sienne et celle des autres, qui ont été soulagées. Si bien que maintenant Irène est occupée tous les après-midi de la semaine.

Prenons cet après-midi par exemple. Irène s'en va chez Élisabeth, une bonne vieille un peu grincheuse sur les bords, mais au cœur d'or: elles vont parler ensemble une bonne heure, puis elles vont échanger leurs lectures; Irène va lui donner une brochure, mais recevoir un livre à lire en retour. Ensuite, Irène va se rendre chez Armand, un homme d'une quarantaine d'années, qui vit tout seul dans un appartement minable; il ne sort jamais; timide, mal rasé, mal lavé, mal habillé; toute la semaine, il attend la visite de son «amie», comme il appelle Irène; c'est son seul désennui; Irène lui donne quelques fruits, lui fait la conversation toute seule, car Armand ne parle pas beaucoup (à vrai dire, Irène peut parler pour deux!), puis elle dit une dizaine de chapelet avec lui (Armand aime prier), enfin, sans avoir l'air de rien, Irène fait un peu de ménage dans la pièce, lave la vaisselle qui traîne sur le comptoir, passe la vadrouille, époussette (pour cela, Irène a la main!). Enfin Irène va visiter une petite famille très pauvre: la mère de vingt-huit ans a trois enfants en bas âge, le père est parti et a été «remplacé» par un autre qui boit plus qu'à ses heures; quand elle va chez Madeleine, c'est son repos comme elle dit: malgré sa grande pauvreté, Madeleine est pleine de délicatesse et de douceur pour elle, et les enfants sont propres et bien élevés, polis et aimables; ici, Irène reçoit souvent bien plus qu'elle ne donne; c'est ici qu'Irène s'attarde le plus, elle donne du chocolat aux enfants, prend la plus petite sur ses genoux, écoute Madeleine lui parler de sa famille... et à la toute fin elle vide tout ce qui reste dans son sac sur la table et ajoute un peu d'argent «qu'elle a reçu dans la semaine pour ses œuvres».

Quand elle revient chez elle, Irène a le cœur qui chante; il lui pousse des ailes... elle vole, vole, vole!

Les pauvres ont tant de choses
à nous apprendre

« *Dieu a choisi les pauvres de ce monde
pour qu'ils soient riches dans la foi
et qu'ils héritent du Royaume
promis à ceux qui l'aiment.* »

Jacques 2, 5

C'est le grand saint Vincent de Paul qui disait à ses dames patronnesses: « Les pauvres sont nos maîtres, ce sont eux qui nous évangélisent. » C'est encore Marguerite d'Youville qui disait à ses sœurs: « Les pauvres sont nos seigneurs, considérez comme un honneur de les servir. »

Ils sont les premiers destinataires de l'évangile: « *La Bonne Nouvelle est annoncée aux pauvres* » (Luc 4, 18). Ils nous réapprennent l'évangile, parfois même sans le savoir. Ils sont « les racines de l'arbre de l'Église », selon la très forte et très belle expression de Jean Vanier. Allez donc concevoir un arbre solide sans racines! Occupez-vous au contraire des racines et tout l'arbre sera beau! Ils sont les « cuisiniers de Dieu » surtout quand ils prient: Dieu aime la prière du pauvre (*Psaume 34, 7*).

Les pauvres, Dieu les a à cœur. Pour que nous aussi nous les ayons à cœur et que nous les portions dans notre cœur... jusqu'au bout de nos mains!

PHILIBERT ET TI-GUY

Philibert boit régulièrement, fume tout aussi régulièrement et sacre encore plus régulièrement. Il voudrait bien se débarrasser de ses «mauvaises habitudes», comme il dit, mais «c'est plus fort que lui», comme il dit aussi.

L'autre jour, Philibert a rencontré Albert qui lui a ressemblé longtemps. Après de longues heures de discussion, Albert a fini par le convaincre de venir à un meeting A.A. «juste pour voir». Philibert, fatigué de se faire «achaler» par Albert, a fini par lui dire: «O.K. je vais y aller à ton meeting... et après, tu vas me laisser tranquille.»

Philibert s'est rendu au meeting. Il a aimé cela. Depuis ce jour, il y va régulièrement. Il a cessé de boire, ce qui ne veut pas dire qu'il n'en a plus le goût. Quand l'envie lui prend d'en caler une, il appelle Ti-Guy, son parrain. Et puis, il prie. Et alors l'envie lui passe. Mais c'est un combat continuel qu'il est tout fier de remporter la plupart du temps. De fait, il n'a eu que deux rechutes depuis le temps qu'il fréquente les A.A.

Le plus beau de son histoire, c'est que maintenant c'est lui qui donne des conseils et encourage Ti-Guy. Ti-Guy ne boit plus, mais il est comme tout le monde: à force de se dévouer pour les autres, il a des «downs» de temps en temps, il voudrait bien arrêter ses services aux autres pour penser un peu à lui. L'autre jour, sa fête approchait et son moral était particulièrement bas. C'est alors qu'il trouva dans son courrier une belle carte de bon anniversaire de son ami Philibert. Celui-ci lui avait écrit un mot qui venait tout droit de son cœur: «Ti-Guy, c'est grâce à toi si je suis sorti de l'enfer où j'étais; bien plus, c'est grâce à toi si je me suis tourné vers Dieu. Tu as été l'envoyé de Dieu pour moi: je ne te le dis pas assez souvent, mais lorsque tu me parles, je crois entendre Celui que tu représentes si bien. Bon anniversaire! Philibert.» Et en post-scriptum, c'était écrit: «Grâce à toi, je ne bois plus; j'ai arrêté de fumer il y a deux semaines; je sacre encore, mais cela aussi arrêtera bientôt. Merci à toi, merci à Dieu. Vous me soutenez tous les deux.»

Ti-Guy relit la carte de Philibert pour la dixième fois. Des papillons blancs volent dans sa tête et des marguerites poussent dans son cœur. Il se rappelle une très belle parole de Philibert: «Tu sais, un millionnaire peut te donner sa Rolls-Royce... il est capable de s'en racheter une autre le lendemain. Mais un pauvre te donne une rose: c'est encore plus beau, car il t'a tout donné.»

Et le cœur de Ti-Guy chante de bien beaux airs. Il va continuer à travailler aux A.A.

GENEVIÈVE ET LOUISE

Geneviève a eu longtemps un problème de dépendance aux médicaments. Elle était devenue narcomane, comme on dit dans le milieu. Impossible de vivre sans ses «peanuts». Et puis, avec le temps, la dose augmentait. Elle se désespérait de plus en plus et désespérait les autres.

Encouragée par une amie, elle se décida à «aller en désintoxication». Elle se retrouva dans une maison spécialisée et commença sa «cure». Ce ne fut pas facile. D'abord accepter sa situation, puis s'accepter elle-même, puis entreprendre le long processus de réhabilitation. Avec l'aide d'assistants et d'assistantes, de Dieu et d'elle-même, elle y est parvenue. Elle est heureuse et est devenue une sorte de «missionnaire» pour d'autres personnes qui vivent des situations semblables à celle qu'elle a vécue elle-même.

L'autre jour, elle s'est retrouvée au salon funéraire. Louise, sa grande amie, encore aux prises avec l'alcool et la coke, venait de perdre son frère, Patrick, mort d'une «overdose» de crack. Après la dizaine de chapelet que Geneviève avait récitée avec les gens venus rendre un dernier hommage à Patrick, Geneviève, pour consoler Louise, lui a dit: «Tu sais, le bon Dieu nous garde sur la terre tant qu'il a besoin de nous. Après, il nous ramène à lui.» Louise l'a regardée et a riposté: «Le bon Dieu a toujours besoin de nous. À la mort, il continue à avoir besoin de nous, mais autrement.»

Geneviève en est encore à réfléchir sur cette parole profonde. Louise n'a pas de doctorat en théologie. Mais, au milieu de ses imperfections et de ses faiblesses, elle croit fermement en Dieu qu'elle prie régulièrement. Pas étonnant qu'elle ait de ces trouvailles qui laissent pantoises les personnes qui croient en savoir plus que les autres.

«Aimer 'les pécheurs'»

Un amour de privilège

> *«Pourquoi votre maître mange-t-il avec les collecteurs d'impôt et les gens de mauvaise réputation?»*
>
> Matthieu 9, 11

Nous l'avons vu, Jésus aimait la compagnie des «pécheurs», des gens réputés «pas corrects», des gens de mauvaise réputation. Sa manière d'agir avec eux faisait l'objet

111

de murmure et même de scandale chez certaines gens réputés «corrects» ou qui se pensaient «justes» ou aimaient à passer pour tels.

Quand le Seigneur a voulu faire comprendre aux gens la raison de ses agissements envers les «pécheurs», il a donné divers enseignements. Le plus célèbre est certainement les trois paraboles de la miséricorde que Luc nous rapporte au chapitre 15 de son évangile. Mais il y a aussi le récit de la vocation de Matthieu (*ch. 9*) qui redit la même chose. De plus, le Seigneur a donné des enseignements directs sur des manières de faire avec les pécheurs que nous retrouvons entre autres au chapitre 5 de l'évangile de Matthieu.

Nous allons examiner quelques-uns de ces enseignements dans les pages qui suivent. Mais, d'ores et déjà, nous pouvons dire trois choses. Premièrement, c'est le privilège des pécheurs d'avoir droit non seulement à l'amour du Seigneur mais aussi au nôtre. Si nous prétendons être de vrais disciples du Maître, il est clair que nous sommes appelés à aimer jusque là. Deuxièmement, nous sommes nous-mêmes pécheurs, c'est l'évidence même. Si bien que tantôt c'est nous, pécheurs, qui avons besoin de l'amour des autres, tantôt ce sont les autres, comme pécheurs, qui ont besoin de notre amour. Troisièmement, ce qui scandalisait les pharisiens et les maîtres de la loi dans l'attitude de Jésus, c'est qu'il s'intéressait particulièrement aux pécheurs «notoires», c'est-à-dire reconnus publiquement comme ayant commis le péché ou vivant dans une situation de péché. Si l'amour préconisé par Jésus envers les pécheurs devient particulièrement visible quand il s'agit de pécheurs connus, il est clair qu'il ne saurait s'arrêter à cette seule catégorie, mais qu'il est appelé à s'étendre à tous.

Voyons cela de plus près.

LE PÈRE BONNIER

Il a soixante-quinze ans et souffre du cœur. Il fait aussi de l'arthrite: il n'est pas capable de tirer sur la poignée de la porte de sa chambre, tellement sa main est déformée. Il doit s'y prendre à deux mains et poser son pied dans l'embrasure pour entrer finalement dans sa cellule.

Tous les jours, et même trois fois par jour, le matin, le midi et le soir, il va s'asseoir dans le parc, au centre de la ville, et il regarde les gens. Il a dans la main son dizainier scout et à longueur de temps il dit des avés pour les gens qui passent devant lui et qu'il aime profondément. À vrai dire, il lui arrive rarement de pouvoir compléter son chapelet parce que, immanquablement, quelqu'un vient s'asseoir à côté de lui pour lui parler, pour lui conter ses problèmes et le plus souvent pour lui demander une aumône. Car sa «clientèle» est faite principalement de pauvres, de misérables, de gens qui ont «fait du temps» et qui en feront encore...

Le Père Bonnier n'est pas riche, loin de là. Mais il donne ce qu'il a dans le fond de sa poche. Il donne surtout son cœur qui transparaît si bien dans la pureté de ses yeux bleus et dans la bonté du geste de sa main. Les gens ne s'y trompent pas: ils se sentent aimés. C'est pourquoi ils reviennent sans cesse le voir. Bien des fois, c'est sûr, il s'est fait avoir par des profiteurs. Bien des fois, ils ont abusé de sa bonté. Bien des fois, même ils ont ri de lui dans son dos et l'ont trouvé bien naïf de croire à leurs histoires. Tout cela, le Père le sait: il n'est pas fou, tout de même. Mais il continue de donner: quand il n'a pas d'argent, il donne de son temps, de sa personne, de son cœur.

L'autre matin, le P. Bonnier ne s'est pas présenté au réfectoire, comme c'était son habitude, à sept heures et demie.

Les confrères ont cru qu'il «avait passé tout droit». Mais il n'était pas là non plus au repas du midi. Alors ils sont allés frapper à la porte de sa cellule. Le Père était étendu sur le plancher, terrassé par une crise cardiaque.

À ses funérailles, le Père abbé a loué son grand amour des pauvres. Il a même dit qu'il avait peut-être été un peu naïf de croire à toutes leurs «histoires». Mais il a affirmé sa conviction qu'il était au ciel à une belle place d'honneur parce qu'il avait sans cesse reconnu Jésus à travers les personnes qu'il aidait avec son cœur de prêtre et sa bonté d'homme. Mais le plus beau, c'est quand Arthur, un «robineux» du bas de la ville, assis avec plusieurs de ses amis que le Père avait aidés tant de fois, s'est levé après la communion et s'est avancé en plein milieu du chœur, au grand étonnement de tous, et a dit simplement, les yeux tout mouillés: «Père Bonnier, c'est vrai que de temps en temps on t'a roulé, mais nous ne t'oublierons jamais. Tu nous aimais. Nous autres, on n'a pas d'instruction, on n'a pas d'éducation, on passe pour des pas-bons. Mais tu resteras toujours notre ami, l'ami des pauvres et des voleurs. Merci, merci du fond du cœur.»

Ne pas juger

> *«Et toi,*
> *pour qui te prends-tu*
> *pour juger ton prochain?»*

Jacques 4, 12

L'un des plus grands obstacles à l'amour du prochain, c'est précisément les jugements que nous portons sur les gens. Surtout s'ils ont fait un mauvais coup ou si leur vie nous semble répréhensible.

Comprenons-nous bien: une mauvaise action est une mauvaise action et je ne peux pas dire qu'elle est bonne quand elle est mauvaise. Mais la personne qui la pose ou qui l'a posée est-elle mauvaise pour autant? Ce n'est pas à moi d'en juger. Si je dois me prononcer sur la bonté ou la malice d'un acte ou d'une situation, et même si j'ai par la suite à agir en conséquence, je n'ai pas à me prononcer sur l'auteur de cet acte ou sur la personne qui vit cette situation.

Quand on connaît l'histoire des gens, on devient ordinairement plus compréhensif et moins «judicatif». D'ailleurs, si nous-mêmes avions été à la place des gens que nous sommes portés à juger, aurions-nous agi avec tellement plus de finesse et de bonté qu'eux? C'est à voir. C'est aussi à faire réfléchir.

Les gens ne sont pas stupides. D'une façon générale, ils savent très bien qu'une mauvaise action qu'ils ont pu faire est une mauvaise action. Il sont capables de reconnaître qu'une situation de péché est une situation de péché. Et ils ne s'attendent ordinairement pas qu'on approuve leurs fautes. Mais ils savent d'instinct s'ils sont en présence d'une personne qui les juge ou au contraire de quelqu'un qui, sans approuver leurs bêtises, ne les juge pas. Ils ne veulent rien savoir de la première, mais ils sont ordinairement tout disposés à accueillir la dernière, à dialoguer avec elle. La première les fait mourir, la seconde les aide à grandir.

Bien plus, la première, par son attitude de juge, se bétonne dans ses opinions et se condamne elle-même à ne pas grandir. Elle s'enferme dans la paralysie morale et spirituelle. Alors que la seconde, par son ouverture et sa compréhension, grandit elle-même en aidant à grandir.

CLAUDE

Claude a un fils qui traverse difficilement son adolescence. Il rentre souvent tard et découche même parfois. Il a ses «amis» qui causent des maux de tête à son père et à sa mère. Et puis, il coûte cher. Passe encore de l'habiller, de le nourrir, de le loger et de lui donner de l'argent de poche. Mais, il ne veut pas travailler. Quand il n'est pas avec ses «chums», il écoute du «heavy-metal» dans sa chambre ou bien il se promène avec son «walk-man» sur les oreilles.

Il réclame toujours plus d'argent. Il dit qu'il en a besoin, sans préciser ses «besoins». Au début, son père lui en a donné. Mais, après quelques dons substantiels, son père a convenu avec lui que désormais ce serait tant par semaine et rien de plus. L'autre jour, son fils est revenu à la charge pour en demander davantage. Son père l'a regardé longuement du regard d'un père aimant mais fatigué, et il lui a dit: «Il faut que tu te prennes en mains. Tu es assez vieux pour travailler. Tu ne peux pas vivre toujours aux crochets de tes parents. Nous avons convenu de tant. C'est tout ce que tu auras et rien de plus.» Le fils s'est choqué, a tourné les talons et a claqué la porte.

Claude aime son fils. Il sait qu'il fait des «folies» qu'il est loin d'approuver. Ils en ont parlé quelques fois. Mais il ne peut «l'attacher», comme il dit. Alors, en bon éducateur et en père aimant, il le limite dans sa capacité de dépenser. Il ne veut surtout pas qu'il devienne dépendant de lui. Mais il veut aussi qu'il comprenne qu'on est responsable des actes que l'on pose. Cela lui fait mal d'être obligé d'agir ainsi avec son grand gars. Mais parfois il faut ce qu'il faut... en espérant qu'un jour il comprendra l'attitude de son père envers lui.

116

Ne pas condamner

« Personne ne t'a condamnée? »

Jean 8, 10

La suite logique des jugements prononcés contre quelqu'un, c'est la condamnation. Si tu juges les gens, tu ne tarderas pas à les condamner du haut de ton tribunal.

Tu condamneras les gens de mauvaise réputation du haut de ta bonne réputation. Tu condamneras les divorcés et les adultères du haut de ton mariage réussi et fidèle. Tu condamneras les prêtres qui ont quitté du haut de ta fidélité à ton sacerdoce. Tu condamneras les menteurs du haut de ta vérité. Tu condamneras les voleurs du haut de ton respect de la propriété d'autrui. Tu condamneras les orgueilleux du haut de ton humilité. Tu condamneras les sacreurs du haut de ton respect de Dieu. Et ainsi de suite.

Et alors tu t'enfermeras dans la tour d'ivoire de ta prétendue bonté, de ta prétendue fidélité, de ta prétendue droiture, de ta prétendue perfection, etc. Tu ne seras pas loin de considérer les autres comme des « pas-bons » et évidemment de te considérer comme « bon ». Tu en arriveras petit à petit à te prendre comme mesure pour juger les autres. Encore là, tu empêcheras les autres de grandir et tu t'empêcheras de grandir.

Nous avons tous nos moments de jugement et de condamnation, car nous sommes tous faibles et pécheurs. Dieu le comprend et nous pardonne quand nous le reconnaissons. Mais, quand le jugement et la condamnation deviennent chez nous chroniques, alors il faut véritablement se questionner, se laisser questionner et... se convertir. Plutôt que de condamner, ne vaut-il pas mieux aider à grandir?

L'enseignement de Jésus sur la paille dans l'œil du voisin et la poutre dans le sien demeure toujours d'actualité (*Matthieu, 7, 1-5*).

UN DIMANCHE, À LA MESSE

Roméo s'est présenté un bon dimanche matin à l'église du centre-ville pour prier à la messe.

D'abord, il est arrivé en retard. Ensuite, il ne s'est pas assis dans le dernier banc de l'église, mais s'est avancé presque jusqu'en avant: en plus de déranger les gens, il s'est donc fait remarquer de tout le monde.

Il faut dire que Roméo ne paie pas d'apparence. Il a les cheveux longs et pas trop nets. Sa barbe est vieille d'au moins quinze jours, mal taillée et tout en bataille. Il porte une veste de cuir avec une tête de mort dans le dos. Sur son poignet gauche, on entrevoit un tatouage qui lui colle à la peau, c'est le cas de le dire. Il porte des jeans pas trop propres et avec un trou au genou gauche en plus. Il a aux pieds des bottes de chantier qui font du bruit à chaque pas: impossible de passer inaperçu.

Le curé, qui était assis à la banquette et écoutait Lupin proclamer la Parole de la première lecture, a bien vu Roméo monter la grande allée. Il s'est dit: «Il va finir par s'asseoir!» Mais Lupin qui lisait à l'ambon s'en est trouvé tout distrait; il faillit même perdre le fil de sa «proclamation». C'est qu'il promenait un regard qui en disait long sur cet homme qui s'avançait dans l'allée comme si de rien n'était, et surtout intérieurement de sombres pensées l'habitaient: «Ça se peut pas, avoir le front de venir à l'église 'atriqué' de même! A-t-on

idée? Il faut pas être gêné! Ça doit être un gars pas trop recom-
mandable... J'espère qu'il va venir ici rien qu'une fois...!»

Et Lupin a bien du mal à continuer sa lecture. D'autant
plus qu'il est en train de lire: «Les vues de Dieu ne sont pas
comme les vues des humains; ils jugent sur l'apparence, mais
Dieu, lui, regarde le cœur» (1 Samuel 16, 7).

Ne pas préjuger

> — *«Nous, nous savons*
> *que cet homme est un pécheur.*
> — *Si cet homme est un pécheur,*
> *je ne le sais pas;*
> *je sais seulement*
> *que j'étais aveugle*
> *et que maintenant je vois.»*
>
> Jean 9, 24-25

Il arrive que les personnes qui jugent les autres soient imbues de préjugés. Et parfois les autres aussi.

Qu'est-ce qu'un préjugé? C'est précisément porter un jugement prématuré sur quelqu'un, sans fondement suffisant, sans information adéquate. C'est souvent une idée toute faite qu'on ne prend pas la peine de vérifier. C'est une opinion reçue qu'on prend pour une vérité absolue. C'est un jugement qu'on a posé sur quelqu'un et qu'on ne prend plus la peine de remettre en question. André, aux yeux des gens, est un vaniteux. Mais aujourd'hui il fait tout pour être modeste. Rien n'y fait: c'est un vaniteux...

Les préjugés ont souvent comme origine des générali-
sations ou comme on dit, des stéréotypes, et ils sont ordi-

nairement de type négatif ou péjoratif. Les Dupont sont des menteurs. C'est un Dupont. Donc c'est un menteur... Les travailleurs des hôpitaux cherchent toujours la contestation. Elle travaille à l'hôpital St-X. Donc c'est une faiseuse de trouble... Les Écossais sont des serre-la-piastre, les curés sont tous des hypocrites, les docteurs ne connaissent rien... Etc., etc. C'est si facile, et si tentant parfois, d'«étiqueter» les gens et de les «classer» une fois pour toutes!

Ou encore les préjugés s'enracinent souvent dans des jugements «totalitaires», sans nuances aucunes, qui vous rivent sans rémission les personnes au pilori: «Elle ne sait rien faire... Il est bon à rien... Elle sait tout, on ne peut rien lui apprendre... Il fait tout de travers... Il n'y a rien à faire avec elle...»

Les préjugés ne font ordinairement pas la distinction entre la personne et ce qu'elle a fait. Par exemple, on va juger le dernier livre d'un auteur à partir de l'ensemble de son œuvre, sans penser que ce dernier peut bien avoir été rédigé très différemment de ses autres écrits. La même chose pour un cinéaste: c'est un tel, ses films sont tous comme ceci; donc, son dernier doit être pareil aux autres. Au lieu de juger l'œuvre en elle-même, on préjuge de l'œuvre à partir d'une opinion qu'on s'est faite ou qu'on a reçue. Et alors l'auteur est enfermé dans le cercle de nos préjugés. Il n'a aucune chance: il est jugé d'avance, et souvent pour longtemps, quand ce n'est pas pour tout le temps.

Les préjugés empêchent d'aimer vraiment l'autre ou les autres. Ils les emprisonnent dans des catégories fixées pour l'éternité dans la mémoire de certains gens. Ils les stigmatisent à jamais. Les gens auraient beau essayer de s'amender, de faire mentir les préjugés, c'est souvent peine perdue. Les préjugés sont tenaces. Ils ont la vie dure.

C'est pourquoi, s'il est important de ne pas juger et de ne pas condamner les personnes, il est tout aussi important de ne pas se cantonner dans ses préjugés. Non seulement ils conduisent la plupart du temps à des jugements faux et injustes, mais ils empêchent l'amour de s'épanouir entre les gens. Ils barricadent leurs cœurs, emmurent leurs esprits et paralysent leurs mains.

ANTOINE À SON BUREAU

Antoine se targue d'être ouvert à tout le monde. De fait, son bureau accueille toutes les personnes qui frappent à la porte. Et Antoine les reçoit à bras et à cœur ouverts. Il les écoute et les aide du mieux qu'il peut.

L'autre jour, sa secrétaire qui reçoit les gens avant de les faire entrer dans le bureau d'Antoine le prévient que le jeune François X. veut le voir. Antoine se renseigne: «Est-ce le fils de Maurice et Linda?» «Oui», répond la secrétaire. Et Antoine de dire: «S'il est comme son père et sa mère, ça va être long...!»

Antoine, mon bon Antoine, tu reçois tout le monde. Bravo. Mais, si tu as ton idée faite avant qu'ils n'entrent dans ton bureau, est-ce que tu leur donnes vraiment la chance d'être écoutés pour ce qu'ils sont et de les aider dans ce qu'ils vivent?

Pardonner

Jésus dit à Pierre:
« Je ne te dis pas de pardonner jusqu'à sept fois
mais jusqu'à soixante-dix-sept fois. »

Matthieu 18, 22

Le Seigneur ne veut pas que nous entretenions dans notre cœur de la rancune, de la haine, de l'esprit de vengeance ou même du ressentiment. Cela n'est pas bon pour les personnes envers qui nous cultivons de tels sentiments, c'est sûr. Mais cela n'est pas bon non plus pour nous: cultiver en effet des sentiments négatifs ou destructeurs dans notre cœur, c'est comme coucher dans son lit avec un scorpion ou s'asseoir sur un nid de guêpes.

Quand le Seigneur nous demande de pardonner, il ne nous demande pas simplement d'aller jusqu'au bout de l'amour du prochain, il nous demande d'aller jusqu'au bout de l'amour de nous-mêmes. C'est parce qu'il nous aime qu'il nous le demande. Le Seigneur ne veut pas en effet que l'anti-pardon habite la mémoire de notre cœur et nous détruise peu à peu, en nous fermant aux autres et en nous repliant de plus en plus sur nous-mêmes.

Cela ne signifie pas qu'il soit toujours facile de pardonner. Si certaines personnes pardonnent plus facilement que d'autres, le pardon reste toujours une opération délicate et même ardue souvent. Cette constatation ne fait que rendre l'opération plus urgente. Pardonner, ce n'est pas simplement humain, c'est divin: *« Pardonnez, comme votre Dieu vous a pardonnés dans le Christ »* (Éphésiens 4, 32).

Les personnes qui retiennent leur pardon s'endurcissent le cœur, perdent le sourire même si elles rient beaucoup (surtout des autres), elles deviennent souvent acariâtres, négatives, dures (même bêtes), soupçonneuses, méchantes... Leur cœur devient le théâtre de belles tempêtes intérieures, tout le contraire des matins calmes et des couchants de lumière des personnes qui ferment leurs yeux, leurs oreilles et leur bouche sur le mal, mais jamais leurs mains sur le malfaiteur. Leur figure ressemble de plus en plus à celle d'un bull-dog!

Le pardon est le sourire de Dieu, la poignée de main du Père, l'accolade du Fils et le baiser de l'Esprit! Changer son cœur de haine et de rancune en cœur d'amour et de pardon est une grâce de Dieu qui se demande et s'obtient dans la prière... et parfois dans la souffrance!

HECTOR ET NESTOR

C'était un bel après-midi d'automne. La brise était légère et les feuilles des grands érables qu'Hector avaient plantés dans sa jeunesse tombaient en se posant tout doucement sur son parterre. C'est presque en s'excusant qu'elles allaient choir sur le vert gazon, le décorant de leurs belles couleurs de couchant. Hector se berçait tranquillement dans la balançoire qu'il avait placée au beau milieu de ce tapis multicolore. Il avait l'âme à la mélancolie: il fumait sa pipe tranquillement et regardait avec un petit pincement au cœur ses beaux érables se dépouiller une fois de plus de leur parure.

Survint sur les entrefaites son voisin Nestor, retraité comme lui. Hector, qui d'habitude l'accueillait avec un grand «Viens t'asseoir, Nestor!», se dit cette fois-ci: «Pas ce fatigant-là après-midi! J'étais si bien tout seul!» Toujours est-il que

Nestor s'assit comme d'habitude en face d'Hector sur la balançoire.

La conversation avait du mal à démarrer. Hector était absent tout en étant présent. Il avait la tête ailleurs... Il regardait les feuilles tomber. Nestor le lui fit remarquer en le taquinant un peu... peut-être un peu trop. Hector ne le prit pas et se choqua. Il fit une colère bleue. Si bien que Nestor se leva tout d'un bloc et lui dit tout aussi vite: «O.K. d'abord que tu le prends comme ça, salut... et va au diable!»

Dans la soirée, Hector passa un coup de téléphone à Nestor. «Écoute, lui dit-il, je ne sais pas ce qui m'est arrivé après-midi. J'étais survolté. Excuse-moi.» Et Nestor de dire: «T'es tout excusé, Hector; moi aussi, je me suis emporté... j'ai été un peu vite sur mes patins!»

Les deux amis se réconcilièrent sans plus et la vie reprit sous un ciel clair de tout nuage. Tellement il est vrai que les torts sont rarement d'un seul côté et qu'un pardon réciproque recoud bien des blessures.

Et les feuilles purent continuer à tomber doucement sous le regard de nos deux compères.

Aimer ses ennemis

> «*Aimez vos ennemis,
> faites du bien à ceux qui vous haïssent.*»
>
> Luc 6, 27

Rompant avec la célèbre «loi du talion» («œil pour œil, dent pour dent»), le Seigneur nous convoque tous à l'amour des ennemis.

Car, il ne faut pas se le cacher, rares sont les personnes qui n'ont aucun ennemi. L'ennemi n'est pas toujours quelqu'un qui veut nous tuer. Mais c'est souvent quelqu'un qui nous en veut, à tort ou à raison; quelqu'un envers qui nous avons «développé une allergie»; quelqu'un qui nous déteste parce qu'«il ne peut nous digérer» ou parce que «nous lui en voulons»; ou encore parce qu'il s'imagine que nous le persécutons, rions de lui dans son dos, le jugeons et même le condamnons... C'est aussi quelqu'un qui nous a fait réellement du tort, qui a médit de nous, qui nous a calomniés, qui nous a blessés par ses paroles ou ses écrits ou ses coups. Quelqu'un qui ne nous parle pas ou ne nous regarde plus, qui nous méprise plus ou moins directement, qui lève le nez sur nous, qui nous tourne le dos. Quelqu'un que nous avons blessé et que nous refusons de regarder par la suite...

Aimer de telles personnes, ce n'est pas nécessairement aller se jeter dans leurs bras, les serrer sur notre cœur, les embrasser et leur dire de mille façons: «Je t'aime quand même, je te pardonne, repartons à neuf.» On sait que, si parfois cette stratégie peut réussir, la plupart du temps, hélas, l'ennemi ne la prendrait même pas. Il arrive malheureusement qu'un pardon offert ne soit même pas reçu, la personne «ennemie» n'étant pas prête à accueillir un pardon. En effet, accueillir un pardon, c'est du même coup reconnaître qu'on a fauté, qu'on s'est trompé. Cela demande beaucoup d'humilité et de simplicité, beaucoup d'amour. Cela n'est pas toujours, il faut bien le dire, à la portée de tous.

Car, s'il y a le pardon donné, il y a aussi le pardon reçu. S'il faut toujours pardonner, parfois, c'est curieux à dire, il faut pousser la délicatesse jusqu'à ne pas manifester explicitement son pardon, l'autre n'étant pas disposé à le recevoir.

Que faire alors? D'abord, il faut pardonner sincèrement

et réellement dans son cœur: cela se demande et s'obtient dans la prière, nous venons de le voir. Et puis, il faut prier pour la personne ennemie, tous les jours sans exception: cette prière est bonne pour l'autre, mais elle est bonne aussi pour soi, car elle exorcise les sentiments de haine et de rancune, les désirs de vengeance et de mépris, et elle pacifie le cœur, elle l'accorde au cœur même de Dieu. Enfin, il faut se disposer à être prêt à rendre service à la personne ennemie, à lui faire du bien, comme dit Jésus (*Luc 6, 27*), si jamais l'occasion se présente. Et le pardon est acquis intérieurement; bien plus, il demeure disponible en tout temps pour se manifester extérieurement au moment favorable.

RETOR ET NÉDOR

Il était une fois un chat de gouttière, nommé Retor, à l'œil amoché et à la patte griffue, qui se faisait chauffer au soleil sur le trottoir, juste en face d'une maison cossue de la grande ville. Il regardait tranquillement les gens passer. Il se trouvait bien à la chaleur de l'air et à la fraîcheur de la brise. Il était heureux de son sort et ne demandait rien de plus au bon Dieu.

Tout à coup se présenta juste sous ses yeux Nédor, un magnifique siamois, lavé, brossé, parfumé, tout pomponné. Avec un malin plaisir évident, il se mit à parader juste devant notre chat miteux. Retor le suivait de l'œil en battant calmement le sol de sa queue. Mine de rien, Nédor lui dit sur tous les tons qu'il le trouvait bien à plaindre, lui qui était si peu beau et si sale, condamné à vivre dans les ruelles et les fonds de cour. Il lui dit aussi qu'il se trouvait bien chanceux, lui:

avec ses beaux yeux et sa fourrure lustrée, il faisait l'envie des connaisseurs et il pouvait faire admirer sa beauté à bien des gens.

Puis il lui tourna dédaigneusement le dos et se mit à marcher le long de la rue. Par curiosité mais aussi par dépit, Retor entreprit de le suivre à distance respectable. De rues en rues, Nédor s'éloigna pas mal de sa demeure. Si bien qu'il ne s'y retrouva plus. Il réalisa subitement qu'il s'était perdu. Pris de panique, il se mit à miauler très fort à tous les saints du ciel et à courir nerveusement à droite et à gauche. Dans sa course folle, il aperçut soudain Retor qui regardait la scène avec un petit sourire narquois au coin de ses lèvres moustachues. Malgré lui, notre siamois finit par tourner un regard suppliant vers notre compère. Un court instant, Retor se dit que c'était bien bon pour lui et que cela lui apprendrait à se vanter et à se moquer des autres. Mais, n'écoutant que son grand cœur, il finit par lui dire de le suivre. Et, à travers des ruelles douteuses qu'il était seul à connaître, il ramena jusqu'à sa demeure Nédor qui se salit quand même un peu les pattes et qui eut surtout l'amour-propre bien ébréché.

Une fois revenu chez lui, Nédor n'en finissait plus de se lécher les pattes et les flancs. Un peu gêné, il trouva quand même le courage et la décence de dire merci. Retor lui répondit simplement: « De rien, cher ami, il m'a fait plaisir de vous rendre le bien pour le mal. » Nédor en prit sa leçon.

Gérer les antipathies

Certaines personnes nous sont naturellement et automatiquement sympathiques. On est bien avec elles. On sent qu'elles ne nous jugent pas, qu'elles nous acceptent tels que nous sommes. Tout ce qu'elles font et ce qu'elles sont nous plaît spontanément. Nous avons envers elles un « préjugé » et un « jugé » favorables. Elles dégagent envers nous de « bonnes vibrations » : paix, joie, accueil, bienveillance, encouragement, etc. Elles nous font vivre et grandir. C'est presque le paradis sur terre.

Mais il y en a d'autres qui nous sont tout aussi naturellement antipathiques. On ne sait trop pourquoi bien souvent. Mais c'est ainsi. Ça ne « clique » pas ensemble. Bien plus, ça « déclique ». Tout ce qu'elles font ou ce qu'elles sont nous déplaît souverainement. Nous avons envers elles un « préjugé » et un « jugé » défavorables. Les « vibrations » sont négatives : « il se prend pour un autre... elle se pense intelligente... il m'écœure... elle me fait vomir... je ne peux pas le sentir ! », etc. Au lieu de nous rapprocher , nous nous en éloignons. Elles nous font mourir, nous démobilisent et nous paralysent bien souvent. C'est presque l'enfer.

Il faut dire d'abord que si des personnes nous sont antipathiques, nous sommes nous aussi bien souvent antipathiques à certaines. Le contraire serait en effet plutôt étonnant. La même constatation vaut d'ailleurs tout autant, heureusement, pour les personnes sympathiques.

Mais il reste que les relations interpersonnelles sont parfois bien difficiles avec certaines gens. Il est sûr qu'il faut continuer à aimer même si, en l'occurrence, l'amour est plus difficile. L'amour que le Seigneur nous demande n'est pas nécessairement un amour humain «chaud et chaleureux», pourrions-nous dire, c'est plutôt et toujours un amour de charité. Ici, l'expérience de la vie en communauté, où inévitablement il y a presque toujours quelqu'un qui nous tape sur les nerfs ou quelqu'un à qui nous ne revenons pas, et les observations de la psychologie peuvent nous être de quelque utilité.

L'autre jour, il m'est tombé sous la main un court article d'une psychothérapeute de l'Idaho, Anne Claire Buckley Jones, intitulé: «*Six trucs pour empêcher que les relations difficiles tournent au vinaigre.*» Les voici tels que formulés par cette femme d'expérience. On peut sans doute y puiser quelques leçons utiles.

1. *Prenez conscience des sentiments que vous entretenez à l'égard de cette personne et reconnaissez-les comme tels.*

Rien ne sert de jouer à l'autruche: vous ne l'aimez pas, c'est tout. Songez plutôt que si vous voulez modifier vos sentiments, il faut commencer par leur faire face.

2. *Croyez en votre propre capacité de définir certaines limites «émotionnelles» à ne pas franchir.*

C'est à vous qu'il appartient de définir vos propres limites «émotionnelles». Ne vous attendez pas à ce que la personne impliquée devienne subitement gentille avec vous, ou qu'elle évite de soulever certains sujets «chauds» en votre présence. Établissez une fréquence de contacts: combien de fois allez-vous lui parler sur une période donnée, au téléphone ou en personne? Rien ne vous empêche de contrôler strictement cette fréquence d'échanges. Si elle insiste et tente d'entrer en contact, vous pouvez toujours prétendre: «Désolé, je suis très occupé pour l'instant. On se reparlera vendredi prochain, comme à l'habitude.»

Prévoyez les coups. Pensez à la manière dont vous allez réagir en sa présence. Soignez votre propre équilibre psychologique et développez une stratégie d'intervention. Si, par exemple, la personne en question est un beau-frère que vous ne pouvez éviter, entendez-vous avec votre conjoint sur la fréquence des rencontres et leur durée. Et arrangez-vous pour respecter cette limite.

Ayez une réplique toute prête, pour court-circuiter la conversation si jamais vous vous sentez mal à l'aise. Quelque chose du genre: «Vous m'excuserez, mais ce sujet-là me tient trop à cœur. J'aime mieux ne pas en parler, sinon je risque de m'emporter.»

3. *Vous nourrissez les sentiments que vous choisissez d'avoir.*

Lorsque cette personne vous dérange, ou vous met en colère, c'est vous qui choisissez d'être dérangé ou furieux. Tout ce que l'autre fait, c'est qu'il «pèse sur votre bouton»; par contre, il a fallu pour ça que vous lui donniez accès au «bouton». Réalisez bien ceci: si vous ne voulez pas être en colère, vous n'avez pas à vous mettre en colère. Réfléchissez en-dedans de vous. Décidez de ne pas réagir, simplement en laissant le «coup» partir sans être «atteint». Ou encore éloignez-vous, arrangez-vous pour ne pas être aux premières loges pour entendre la «charge».

4. *À moins que vous ne décidiez de prendre le taureau par les cornes... et d'annoncer à la personne le mal qu'elle vous donne.*

Si vous vous alignez sur cette solution, retenez d'abord ceci: vous ne changerez pas l'autre. Si vous lui parlez, vous le faites pour vous-même. Peu importe le résultat final de votre initiative, vous agissez ainsi uniquement parce que vous ressentez le besoin de lui confier vos états d'âme. Dites-vous, avant d'agir, que vous vous sentirez mieux juste pour avoir choisi de parler.

5. *N'oubliez pas, non plus, que la situation n'est pas nécessairement coulée dans le béton...*

Peut-être que cette personne n'aura pas toujours le don de vous «mettre les nerfs en boule» aussi facilement. À l'inverse, c'est peut-être vous qui, un jour, allez vous mettre à modifier votre attitude à son égard. Possible, aussi, que l'autre vous annonce un jour, de but en blanc: «Il me semble que quelque chose ne tourne pas rond entre toi et moi... »

Si vous restez à la fois éveillé et souple à l'égard de la situation, vous vous donnez, à vous et à l'autre, la permission de changer.

6. *Ne prétendez pas être un thérapeute ou un libérateur...*

Si rien n'y fait, si à chaque fois c'est le branle-pas de combat, alors pourquoi ne pas tout simplement éviter cette personne? C'est là un comportement tout à fait acceptable. Certains individus s'établissent à des milliers de kilomètres de certaines personnes. Aux grands maux, les grands remèdes. » (Cité dans la revue *Columbia*, avril 1989, p. 7).

Il va sans dire que cette dernière solution, qui consiste à s'éloigner de la personne «belliqueuse» ou de l'éviter, est une «solution de la dernière chance»; mais il est évident qu'il y a des situations où c'est la seule issue possible et qu'il faut l'envisager sous peine de se démolir.

Il y a, paraît-il, trois moments dans la vie des communautés: 1 — La «*lune de miel*»: «Tout le monde, il est beau,

il est fin, il est gentil. J'aurais dû venir vivre ici plus vite. »
2 — La « *lune de fiel* »: « Tout le monde, il est détestable,
il est haïssable. J'aurais jamais dû venir m'installer ici.
Si j'avais su... » 3 — La « *lune de ciel* »: « Tout le monde, il
a ses qualités et ses défauts, ses talents et ses limites, y
compris moi-même... Apprenons au jour le jour à vivre
ensemble! » Et ce processus recommence indéfiniment.

Les relations interpersonnelles... un nid de chicanes ou
un lieu d'apprentissage de l'amour fraternel, y compris
jusqu'au pardon? Cela dépend de nous!

Le Seigneur, fin psychologue, avait déjà prévu tout cela
en nous enseignant l'amour... même des ennemis. Même
comme route obligée du bonheur!

MARYLIN ET PIERRETTE

*Marylin travaillait avec Pierrette dans une petite entreprise
de couture. Elles n'étaient pas amies intimes, mais elles
s'entendaient assez bien. Elles se disaient bonjour en arrivant
au travail; elles prenaient le café ensemble à la pause. Même
si leurs relations n'étaient pas «brûlantes», elles n'étaient pas
froides non plus.*

*Mais voilà que la semaine dernière Marylin a eu une pro-
motion. Elle est devenue contre-maîtresse dans un départe-
ment de la manufacture. Pierrette ne l'a pas pris: elle se mit
à prétendre que c'est elle qui aurait dû avoir le poste et que
Marilyn lui avait «volé» son «job». À partir de ce jour, Pierrette se mit à bouder Marylin: «Je ne peux plus la sentir...
sa face ne me revient pas... c'est rendu que je la déteste... »,*

répétait-elle à longueur de journée à ses compagnes de travail. Si bien que maintenant elles ne se parlent plus, pas même à la pause-café; bien plus, elles s'évitent: Pierrette tourne le dos à Marylin et fait semblant qu'elle ne la voit pas. En réalité, elle la voit très bien, mais elle ne veut plus rien savoir d'elle.

Marylin a bien tenté quelques rapprochements: sourires, bonjours, etc. Rien n'y fit. Pierrette la boude et bavasse d'elle dans son dos. C'est bien triste à voir.

Cette situation a bien fait réfléchir Marylin. Elle a fini par se dire: «Pierrette ne veut pas de mon amitié. Je ne peux pas la lui imposer. Je vais quand même continuer à l'aimer... mais dans mon cœur, dans ma prière et dans ma souffrance.»

Mais un beau matin Pierrette se trouva mal prise. Son auto ne partait pas. Et il se trouva que seule Marylin avait les câbles nécessaires pour recharger la batterie de sa voiture. Marylin lui rendit ce service avec joie et simplicité. Pierrette finit par lui dire merci en niaisant un peu.

La jalousie

> Les dix autres, qui avaient entendu,
> s'indignèrent
> contre Jacques et Jean.
>
> Marc 10, 41

On connaît bien cette scène rapportée par l'évangéliste Marc. Les apôtres Jacques et Jean demandent à Jésus d'être assis l'un à sa gauche et l'autre à sa droite quand lui-même siégera dans les cieux sur son trône de gloire. Rien que cela! Les deux plus belles places du Royaume! «Les dix autres apôtres, nous dit Marc, qui avaient entendu, se mirent à s'indigner contre Jacques et Jean. » Autrement dit, ils ont piqué une belle crise de jalousie. «Pourquoi eux et pas nous? Pour qui se prennent-ils et pour qui nous prennent-ils? Ça ne se passera pas comme ça!»

L'une des maladies les plus subtiles et les plus fréquentes, et les plus humaines, de l'amour des «ennemis», c'est la jalousie. Vous savez, ce sentiment qui nous ronge le cœur comme un cancer, cette «émotion» qui se déverse en nous comme un torrent de bile noire qui sortirait tout droit de notre vésicule!

La jalousie révèle souvent une frustration qui se terre au fond de notre être et qui a du mal à mourir. Pourquoi est-ce lui qui a tous les honneurs et pas moi? Pourquoi réussit-elle en tel domaine et pas moi? Pourquoi fait-elle la une des journaux et pas moi? Pourquoi attire-t-il subitement l'attention et la sympathie quand il arrive dans un groupe alors que moi personne ne me regarde? Et ainsi de suite.

Alors la personne jalouse ou bien se replie sur elle-même, ronge son frein et se désole ou bien elle passe à l'attaque. Et alors, ôtez-vous de devant elle: c'est un bulldozer qui rase tout sur son passage, une sorte d'éléphant enragé qui renverse les arbres et dévaste la forêt.

La jalousie révèle souvent une personne qui a du mal à s'accepter telle qu'elle est ou qui n'est pas contente de l'itinéraire qu'a pris sa vie. Il est vrai que certaines vies sont bien tristes à vivre et qu'à en regarder certaines autres, on est tenté de les envier pas mal. L'envie toutefois, qui est un sentiment spontané et même légitime, n'est pas la jalousie. La jalousie va beaucoup plus loin que l'envie: au lieu de se réjouir du succès de l'autre, elle en est malheureuse, parfois jusqu'à lui faire du tort; au lieu d'accepter l'autre tel qu'il est, elle peut aller jusqu'à le mépriser et le blesser. Au fond, la jalousie cache une mauvaise acceptation de soi, un dépit, une frustration, une blessure, parfois même un complexe.

Tant il est vrai que l'amour véritable des «ennemis» ou des personnes qui sont perçues comme telles ne va pas sans un bon amour de soi: «*Tu aimeras ton prochain (y compris tes ennemis) comme toi-même*» (Luc 10, 27).

La personne jalouse, en plus de faire du mal à l'autre, s'en fait encore davantage à elle-même. Elle entretient en son cœur des serpents meurtriers, des guêpes qui piquent et ne donnent pas même une goutte de miel. La libération du mal de la jalousie, donnée et reçue, se demande et s'obtient elle aussi dans la prière et dans la souffrance.

COCO ET RICO

Il était une fois un coq magnifique qui régnait en maître incontesté sur la basse-cour. Quand la barre du jour apparaissait dans le poulailler, Coco était toujours le premier à ouvrir l'œil et alors, du haut de son perchoir, il lançait dans le ciel des notes si aiguës et si fortes que toutes les poules s'en trouvaient réveillées tout d'un coup, en même temps que toutes émoustillées.

Et puis il fallait le voir se trémousser dans la cour au milieu de ses compagnes. Il se lissait les ailes de contentement et se pavanait en levant le pied bien haut et en dodelinant de la tête, ce qui avait pour effet de faire osciller sa crête de gauche à droite. C'était vraiment un grand seigneur, un roi et un maître incontesté.

Mais voilà qu'un beau matin, ou plutôt un mauvais matin, arriva on ne sait d'où un jeune coq fringant et pétillant. Les poules ne tardèrent pas à faire connaissance avec le petit nouveau, qu'elles trouvaient bien «cute». Elles le nommèrent Rico, ce qui, il faut en convenir, est un bien joli nom pour un jeune coq.

Mais Coco, maître de céans jusque-là, ne le prit pas ainsi. Il vit soudain son autorité menacée et sa popularité grandement diminuée. Et Rico lui devint subito presto très antipathique. Sa face ne lui revenait pas. Il en devint terriblement jaloux. Il se mit à le mépriser, à le regarder de haut et même à le détester. Et il ne manquait pas une occasion pour le ridiculiser en public, l'humilier bassement. Ce qui le choquait le plus, c'est que les poules, les poulettes surtout, n'avaient d'yeux que pour le nouveau venu. Rien que de voir cela lui mettait les nerfs en boule.

Un certain midi de grosse chaleur, il y eut branle-bas de combat. Coco avait décidé d'avoir la peau de Rico. Ils se retrouvèrent tous les deux dans la tasserie sur un coin de paille. Et la bataille s'engagea: au milieu de plumes qui volaient, Coco criait «Rico» et Rico criait «Coco»! Les cris attirèrent bien vite toute la poulaillerie. Les jeunes poulettes pleuraient pour Rico en même temps qu'elle sautaient pour l'encourager et les plus vieilles commençaient déjà à penser qu'elles perdraient leur Coco en même temps qu'elles essayaient de calmer les plus jeunes.

Le combat allait bon train lorsque deux grands-mères arrivèrent à pas lents sur le champ de bataille. C'était deux maîtresses-poules qui en avaient vu bien d'autres, mais qui n'avaient pas les mêmes idées sur la vie. La première disait à la seconde: «Laisse-les faire, le plus fort va gagner; tu sais, tu ne peux pas avoir deux coqs sur le même tas de fumier!» Et la seconde disait à la première: «Ben, voyons donc, il doit y avoir moyen de s'entendre!» Mais toutes deux étaient d'accord pour arrêter le combat: la première se disait que l'un des deux coqs devrait partir et la seconde opinait qu'ils devraient apprendre à vivre ensemble. Elles décidèrent donc de s'interposer: la paille se mit à voler encore plus haut et beaucoup de plumes se perdirent au milieu des oh! et des ah! des matrones et des patrons. Mais finalement le combat cessa.

Le spectacle qui se présenta alors aux spectatrices n'était pas particulièrement réjouissant: Coco avait l'aile pendante et la crête sanguinolente; Rico n'était guère mieux: un œil presque exorbité et une patte boîteuse; quant aux matrones, elles étaient au bout de leur souffle et au bord de la crise de cœur et de nerfs.

Ce n'était pas le temps de se parler. On décida d'aller se reposer. Histoire de se calmer un peu et de refaire ses forces. Le lendemain, quelle ne fut pas la surprise et la joie de toute la basse-cour de voir Coco et Rico se serrer la main du bout de l'aile et de se donner l'accolade en se frottant la crête. Il est vrai que la nuit porte conseil... Les blessures aussi!

Et la vie reprit ses droits. Dans la bonne compagnie de tous et dans la bonne humeur.

Le commérage

«Personne n'a jamais pu dompter la langue:
c'est un fléau sans repos,
plein d'un poison mortel.»

Jacques 3, 8

Il n'y a rien comme le «commérage» ou le «bavassage» pour nuire non seulement aux bonnes relations entre les personnes, mais aussi pour favoriser l'éclosion d'«ennemis» aussi sûrs que persistants.

Il y a des gens qui ont la «langue bien pendue», comme on dit. Ils parlent de tout et de rien, de tous et de personne aussi. Certains le font sans animosité aucune, ils ont le cœur bon, ils ne cultivent aucune mauvaise intention: c'est simplement pour «peupler la conversation», pour «mettre un peu de vie dans la communauté», etc. À vrai dire, ces personnes rendent de grands services dans les groupes où elles vivent; car, sans elles, la vie de ces groupes ressemblerait presque à celle des cimetières! La conversation ne nous a pas été donnée pour nous en priver tout le temps et les cordes vocales ne sont pas là juste pour nous taire! La langue, comme disait Ésope, est la meilleure des choses!

Mais il ajoutait aussi que c'était «la pire». C'est que certaines langues appartiennent à des «commères» et à des «bavasseuses», féminines mais aussi masculines! Les «rapportages», les «commentaires», les «interprétations de ceci ou de cela», ne se font pas toujours hélas au nom de la charité, mais parfois, toujours trop souvent, pour déblatérer contre un tel ou une telle ou, encore pire, pour se défouler sur le dos d'un autre contre un autre.

Alors, la méfiance risque de s'installer. On se met à éviter un tel ou une telle parce que «c'est une vraie pie». On se met à «faire bien attention» à tel ou telle autre parce que «c'est une langue de vipère». Et le commérage empoisonne littéralement la vie du groupe.

Si l'on en veut à quelqu'un, pourquoi pas le lui dire clairement et essayer de s'entendre avec lui? Plutôt qu'il ne l'apprenne par «voie détournée» à travers la nième personne qui, elle, l'a appris d'une autre qui, elle, la tient d'une telle qui, elle, l'a entendu dire par une telle! Et si l'on n'a pas le courage de le dire à l'intéressé directement ou s'il vaut mieux ne pas le lui dire dans les circonstances, alors pourquoi ne pas se taire et confier le tout au Seigneur dans le silence de l'église ou dans le secret de sa chambre ou de son cœur? Le Seigneur, n'ayez crainte, n'ira pas le répéter aux autres!

Le «commérage» et le «bavassage dans le dos» sont de puissants fabricants d'ennemis. Et le véritable amour des ennemis ne fait pas bon ménage avec eux.

LIETTE ET HÉLÈNE

Quand elle est arrivée dans le quartier, Liette s'est rapidement fait des amis. Elle était joyeuse et avait beaucoup d'entregent. Presque tous les après-midi, elle avait de la visite qui venait prendre le thé avec elle et piquer un brin de jasette. Quand elle n'avait pas de visite, c'était elle-même qui allait voir les gens chez eux. C'était véritablement la lune de miel avec ses voisins et ses voisines.

Mais, petit à petit, les visites qu'elle recevait se mirent à s'espacer et elle s'aperçut même qu'elle était reçue avec une réticence grandissante chez ses voisines. Elle en éprouva bien du chagrin. Mais ce qui l'attristait le plus, c'est qu'elle se demandait bien pourquoi la situation s'était détériorée à ce point. Elle cherchait la cause dans sa tête, mais ne trouvait rien.

Un jour, elle s'avisa d'en parler à Hélène, une voisine en qui elle avait particulièrement confiance. Hélène attendait cette occasion pour parler à Liette: elle l'aimait trop pour ne pas lui dire la vérité. Elle lui expliqua doucement mais fermement la raison de cette distance. C'était bien simple: Liette avait pris l'habitude de placoter sur ses voisins et ses voisines avec toutes les personnes qu'elle rencontrait. Ses voisins n'étaient pas fous; ils se disaient: «Si Liette bavasse d'un tel devant moi, elle doit bavasser de moi devant une autre... Alors, je vais l'éviter le plus possible!»

Liette, qui elle non plus n'était pas folle, en prit sa leçon. Après une petite «passée» un peu pénible, elle recommença ses visites mais changea le «menu» de son discours. Elle devint subitement «très intéressante» et se refit beaucoup d'amis.

La colère

> *«Heureux les doux,*
> *ils auront la terre en héritage.»*
>
> Matthieu 5, 5

La colère, dit-on, est mauvaise conseillère. Elle est aussi mauvaise compagne de vie: pour soi et pour les autres. Il y a des gens qui ont «le sourire par en-dedans», on sait qu'ils sont en joie là l'intérieur d'eux-mêmes. Mais d'autres ont toujours « la baboune » : mauvaise humeur chronique, mécontentement perpétuel, insatisfaction constante. Non seulement ils sont incapables de se réjouir du succès des autres, mais surtout ils chicanent continuellement contre quelque chose ou contre quelqu'un et souvent contre les deux.

Le sourire ne les habite à peu près jamais. C'est plutôt le rire moqueur qu'ils pratiquent à satiété envers les autres et qui traduit bien la morgue qui leur tient régulièrement compagnie. Ils ne sont pas bien s'ils ne sont pas en rogne contre quelqu'un. Ils sont moroses. Ils sont même souvent violents: en paroles très souvent, parfois même en coups. Et, à ce chapitre, on sait qu'il y a des coups de langue qui font plus mal que des coups d'épée.

Il y a de « bonnes colères » (ordinairement passagères et non chroniques), et des « violences justes » (du type de la légitime défense par exemple): Jésus en a fait quelques-unes contre les pharisiens et les vendeurs du Temple en particulier. Ces colères sont comme de bons orages: elles purifient l'air et on respire mieux ensuite. Mais il y a aussi des colères et des violences indues, elles sont des maladies de l'amour évangélique des ennemis. En plus de faire mal à leurs destinataires, elles font mal aussi à leurs auteurs. Ces derniers deviennent souvent atrabilaires ou hyperten-dus. Ils deviennent aussi, hélas, toujours trop souvent hypertendants.

La colère et la violence non légitimes se soignent par une bonne discipline de vie, par de la détente, par une manière positive de considérer la vie et les gens, par une révision de vie régulière faite, de préférence, avec l'aide d'un ami, par de l'humour, donné mais aussi reçu, qui est bien proche parent de l'humilité. La douceur et la tendresse se demandent aussi dans la prière et dans la souffrance.

LA «BOUILLOIRE»

On l'appelle la «bouilloire». C'est qu'il «fonctionne» un peu comme elle. Vous savez comment fonctionne une bouilloire? L'eau se réchauffe un certains temps jusqu'à ce qu'elle arrive à ébullition. Alors, si l'on n'y prend garde, la pression devient si forte à l'intérieur que le couvercle peut même finir par sauter. C'est un peu comme les geysers: ils se remplissent petit à petit d'eau bouillante et, quand ils sont remplis à capacité, la pression fait jaillir l'eau et la vapeur à une grande hauteur: c'est toujours un spectacle impressionnant mais attention! il ne faut pas être trop près du jet d'eau: vous risquez d'être éclaboussés et même ébouillantés.

Uldéric est comme un geyser ou une bouilloire. Il accumule les frustrations et les colères au-dedans de lui; il «remplit son réservoir»; il fait de la «rétention»; il «refoule». Mais, gare à vous, quand la «bouilloire» déborde: ses coups de langue et même ses coups de poings risquent de vous faire très mal.

C'est ce qui est arrivé l'autre jour à Pierrot. On ne sait trop pourquoi. Mais toujours est-il que, ce soir-là, Uldéric lui a servi une de ses «recettes» dont il est seul à avoir le secret: coups de langue, mais aussi coups de poings et même coups de pieds. Pierrot en a eu pour un mois à «digérer» l'«eau bouillante» d'Uldéric.

Et depuis ce temps, ils ne se parlent plus. Ils se saluent à peine. Et c'est bien dommage.

LES COLÈRES DE LISE

Lise «liquide» ses colères à mesure qu'elle en a, comme elle dit. Comme elle est impulsive, elle «liquide» souvent. Mais, ça ne dure pas longtemps. Elle se dit et elle dit aux autres: «C'est mon tempérament qui est comme cela... Si je me choquais deux fois par année, vous auriez tous raison d'avoir peur de moi... Mais, comme je me choque au moins trois fois par jour, personne n'a peur et tout le monde s'est habitué à mon caractère.»

C'est vrai que les colères de Lise ne sont pas trop prises au sérieux. On la connaît. C'est plutôt quand elle ne se fâche pas durant toute une journée qu'on s'inquiète.

N'empêche qu'on aimerait bien que Lise saute une «colère» de temps en temps!

La compagnie des personnes «pas correctes»

On appelait Jésus
l'ami des publicains et des pécheurs.
Matthieu 11, 19

Jésus a poussé l'amour des «pas-bons» jusqu'à se tenir en leur compagnie, au point que les «bons» l'appelaient «l'ami des collecteurs d'impôt et des personnes de mauvaise réputation». Cette compagnie que Jésus entretenait avec les personnes considérées comme «pas correctes» n'a pas été sans lui causer bien des ennuis. Jésus n'en a pas moins continué à la pratiquer. Pour lui, c'était une question de fidélité à sa mission de sauveur de tous et particulièrement des gens réputés comme «pas-bons». Notons bien cependant: Jésus fréquentait les pécheurs, non pour devenir comme eux, mais pour qu'ils deviennent comme lui.

Il n'est donc pas surprenant que Jésus demande à son Église de s'occuper elle aussi de gens réputés «pécheurs». Il le demande à l'Église universelle, mais aussi aux Églises diocésaines et paroissiales. Il le demande également aux individus.

Nous l'avons vu, si le Seigneur n'a jamais approuvé le péché, il n'a jamais condamné le pécheur. Nous ne pouvons pas, nous non plus, comme Église ou comme individus, approuver la conduite mauvaise de certaines gens, mais nous devons les aimer.

Nous nous sommes demandé plus haut s'il y avait des pauvres dans notre vie, dans notre pastorale? De même, nous devons nous demander s'il y a des «pas-corrects» dans nos vies, dans nos projets de pastorale.

Une communauté chrétienne qui exclut de ses mouvements ou de ses œuvres les «marginaux», les «pas-corrects», est elle-même pas correcte vis-à-vis de l'évangile. Une famille qui n'accepte pas son «mouton noir», est-elle fidèle à Jésus?

L'amour que Jésus demande ne va-t-il pas jusque là? Cela ne va pas cependant toujours de soi. Cet amour demande souvent une conversion de notre regard et un retournement de notre cœur. Il se demande dans la prière et la souffrance: la nôtre et... celle des autres.

144

LA CITROUILLE DE MARIA

C'était un beau dimanche d'automne. Les arbres avaient commencé à se colorier pour la plus grande joie des chasseurs d'images. Et la nature, comme à chaque année, se montrait d'une générosité merveilleuse. Les pommiers étaient magnifiques: de vraies grappes de fruits faisaient pencher les branches presque jusqu'à terre. Les champs étaient jonchés de courges. Et les citrouilles étaient énormes.

Maria avait un petit jardin au fond de sa petite cour. Il lui avait donné des radis, de la salade, de la ciboulette tout l'été. Depuis quelques semaines, elle cueillait des tomates et des concombres. Bientôt, elle ferait la récolte de ses carottes et de ses betteraves. La générosité de son jardin lui était bien utile, car elle vivait le reste de l'année bien pauvrement: elle était bénéficiaire du bien-être social, était malade plus souvent qu'à son tour, et n'était guère aidée par ses deux fils qui faisaient régulièrement des séjours au Centre de détention de la ville. Bien plus, on chuchotait que c'était elle qui leur avait appris à voler... en tout cas, on ne la voyait jamais à la messe.

Mais, si son portefeuille était vide la plupart du temps, son cœur ne l'était jamais. C'est ainsi qu'elle décida de faire cadeau d'une de ses citrouilles à Émérentienne, la femme-à-tout-faire du bedeau de la paroisse. Religieuse jusqu'au bout des ongles, Émérentienne allait à la messe tous les jours et ne manquait jamais «ses» prières. Maria se disait qu'Émérentienne, bonne ménagère comme elle l'était, ferait de bien bonnes confitures avec sa citrouille. Elle choisit donc la plus grosse et la plus belle et s'en alla, le sourire aux lèvres, chez Émérentienne. Émérentienne la reçut aimablement et la remercia du fond du cœur pour «ce beau cadeau». Et Maria s'en retourna chez elle le cœur léger, contente d'avoir accompli une bonne action.

Émérentienne déposa la citrouille sur la table de la cuisine et la contempla longuement. C'est vrai qu'elle était belle, la citrouille de Maria: dodue et orangée à souhait, toute prête à se donner en nourriture à Émérentienne et à Paulot son mari. Mais tout-à-coup une pensée malicieuse, un doute pernicieux s'empara de l'esprit d'Émérentienne: «Si cette citrouille était empoisonnée, si Maria qu'on ne voit jamais à l'église, l'avait piquée pour leur faire du tort...»

Émérentienne ne put jamais se résoudre à ouvrir la citrouille de Maria pour en faire de la confiture... et à ouvrir son cœur pour en faire de la charité! Et la citrouille prit le chemin de la poubelle!

La tolérance

> « Qui n'est pas contre nous
> est avec nous. »
>
> Marc 9, 40

L'un des plus beaux visages de l'amour évangélique des ennemis et plus largement des « pécheurs », c'est la tolérance. La tolérance, c'est la capacité d'accepter les gens comme ils sont, non pas comme on voudrait qu'ils soient, mais tels quels: avec leurs idées, leur mode de vie, leur façon de s'habiller, de se coiffer, de manger, de penser, d'éduquer leurs enfants, de pratiquer leur religion, etc.; avec leurs qualités mais aussi leurs défauts, avec leurs talents mais aussi leurs limites, avec leurs lumières mais aussi leurs ténèbres.

Dans l'évangile, on trouve un bel échantillon d'intolérance en même temps qu'une belle leçon de tolérance donnée par Jésus: le fait nous est rapporté par Marc. L'apôtre Jean, le réputé doux Jean, mais qui ne portait pas avec son frère Jacques le surnom de «fils du tonnerre» pour rien, dit à Jésus: «Maître, nous avons vu quelqu'un chasser les démons en ton nom; il n'est pas de notre groupe. Nous avons voulu l'en empêcher parce qu'il n'est pas ton disciple.» Jésus dit tout simplement: «Ne l'empêchez pas... Qui n'est pas contre nous est avec nous» (*Marc 9, 38-40*).

On connaît bien également la grandeur d'âme de Moïse qui fut lui aussi confronté à un fait à peu près semblable. Deux hommes nommés Eldad et Médad prophétisaient dans le camp d'Israël. Ils n'étaient pas sur la «liste officielle» des prophètes, pourrait-on dire. Alors, Josué dit à Moïse: «Mon seigneur, arrête-les.» Moïse répondit: «Serais-tu jaloux pour moi? Ah! si tout le peuple pouvait prophétiser, rempli de l'Esprit du Seigneur!» (*Nombres 11, 26-30*).

Qui peut dire qu'il a le monopole de la vérité, du jugement, de la sagesse? Qui peut obliger les autres à vivre et à penser comme soi?

La tolérance, c'est l'acceptation inconditionnelle de l'autre. Accepter ne signifie pas toutefois un laisser-tout-faire ou un laisser-tout-dire qui confinerait à la licence ou à l'anarchie et conduirait finalement au chaos. La liberté des uns s'arrête là où commence la liberté des autres; le droit des uns ne dépasse pas le droit des autres. Ils dialoguent et composent entre eux constamment. La tolérance n'est pas un «tout-fait», un «prêt-à-porter», elle est un «à-faire», un devenir constant, un défi de tous les jours.

La tolérance, c'est aussi tout l'opposé du perfectionnisme, du «chimiquement pur», du «law and order» à tout prix. La personne tolérante accepte qu'il y ait des imperfections chez les êtres, qu'un livre ne soit pas sans défaut, qu'un film ait des points faibles, qu'une équipe ne gagne pas tout le temps, qu'il y ait parfois de la poussière sur les meubles, que les bas aient une échelle de temps en temps, qu'il manque un bouton au manteau parfois, que le lit soit mal fait pour une fois, que le gazon ne soit pas aussi bien tondu que d'habitude, que le petit oublie occasionnellement de ne pas se mettre les doigts dans le nez à table, que le ballon bondisse sur le terrain du voisin parfois, que la bicyclette se salisse dans une flaque d'eau par inadvertance, que la porte se ferme trop fort des fois, que la soupe ait collé au fond du chaudron, que le sermon du curé soit ennuyant ce dimanche-là, que l'animatrice de chant mêle tout le monde à la messe de dix heures ce matin-là, que le demi-pamplemousse soit mal « taillé » ce déjeuner-là, qu'il y ait une éraflure sur la porte de la voiture, que le voisin fasse du bruit avec ses talons de bois dans le corridor...

La tolérance évite bien des tempêtes dans un verre d'eau, bien des excès de langue et de tempérament, bien des détours pour ne pas rencontrer l'autre, bien des jugements téméraires, bien des « fabulations », bien des interprétations exagérées...

L'amour des ennemis, tel que préconisé par le Seigneur, n'est guère possible sans esprit de tolérance. Autrement, on s'enfonce dans le tunnel de l'intransigeance et de la dureté de cœur, de la correction chronique des autres, de la fermeture aux autres et du repliement sur soi. Et on se retrouve avec le mot de Sartre: « L'enfer, c'est les autres. » Alors qu'en réalité, le Seigneur a voulu que l'amour soit précisément là où sont les autres. Jusqu'aux ennemis.

« L'amour de charité nous rend capables de tout excuser, il nous permet de faire confiance en tout, de tout espérer et de tout supporter » (1 Corinthiens 13, 7).

ÉDOUARD

Édouard vit dans un foyer pour personnes âgées depuis déjà cinq ans. Il connaît tout le monde et tout le monde le connaît. Il a ses habitudes et même ses petites manies. C'est ainsi que, tous les soirs, après souper, il va s'asseoir à la salle de télévision pour regarder «ses programmes». Il allume sa pipe, s'assoit dans «sa» chaise berceuse, se croise les jambes et se berce tranquillement.

L'autre jour, Esdras a été amené au Foyer comme nouveau pensionnaire. Esdras a un caractère doux; il parle très peu, il a presque toujours les yeux baissés... Il ne ferait pas de mal à une mouche.

Après avoir soupé, il est allé comme tout le monde à la salle de télévision. Sans le savoir, il s'est assis dans la chaise d'Édouard. Quand Édouard est entré dans la salle et qu'il a vu Esdras assis sur «sa» chaise, il lui a fait une belle crise. Les yeux quasiment sortis de la tête et la bouche pleine de salive, il lui a crié: «Ôte-toi de là, c'est 'ma' chaise!» Et joignant le geste à la parole, il l'a tiré par la manche pour le déloger de «sa» chaise. Esdras s'est levé et, tout penaud, est allé s'asseoir contre le mur tout au fond de la salle.

Et vive l'accueil des nouveaux! Et vive la tolérance!

Le respect

Le respect est un autre ingrédient indispensable pour pratiquer l'amour des ennemis et des «pécheurs». Ce n'est pas parce que quelqu'un n'a pas les mêmes idées que nous, qu'il a fait un mauvais coup, qu'il n'a pas d'éducation ou qu'il nous est antipathique, qu'il n'a pas droit à notre respect.

Le respect est l'un des beaux fruits de la tolérance. Il est aussi le premier pas d'un véritable amour des autres. Il est aussi le chemin obligé de relations humaines de qualité. Il est fait d'une foule de petits détails. Les gens qui respectent les autres savent les inventer à chaque détour de la vie: c'est un salut prononcé au bon moment, c'est la reconnaissance de ce que l'autre fait ou dit, c'est de la considération pour sa personne, etc.

Le respect engendre le respect. Comme l'irrespect engendre l'irrespect. Nous apprécions les gens qui nous respectent et spontanément nous sommes bien disposés à leur égard. Mais le contraire nous indispose et parfois même nous choque.

Hélas, il arrive parfois que les gens que nous n'estimons pas, parce qu'ils nous sont antipathiques ou parce qu'ils ont une conduite répréhensible à nos yeux, «ne méritent pas notre respect». C'est bien dommage. Car alors, nous les privons du premier pas de la réconciliation avec eux-mêmes et avec les autres. Il arrive parfois également qu'à force de vivre avec les mêmes personnes, on s'habitue à elles. Alors la fraîcheur des relations humaines s'émousse petit à petit. On en vient même parfois à développer une trop grande familiarité qui dégénère en irrespect et qui conduit à des frasques monumentales et finalement à un irrespect destructeur de la charité fraternelle.

Que le respect soit une belle fleur qui pousse à l'année longue dans le jardin des humains!

VICTORINE

Victorine est arrivée au «Foyer du bonheur» depuis quelques semaines et déjà elle a trouvé le moyen de se faire quelques ennemis bien tenaces. Victorine, qui vient d'atteindre ses soixante-quinze ans, vient d'un milieu relativement aisé. Elle a de belles robes, des bagues à diamants et des souliers qui vont régulièrement chercher dans les trois chiffres. Alors que ses compagnes... vraiment, «elle est presque gênée d'en parler!»

Alors elle les boude. Elle ne les salue pas souvent. Il y en a deux en particulier qu'elle ne salue jamais. Elles sont si mal habillées et leur apparence est si loin des bonnes manières qu'elle ne daigne même pas les regarder. Elles seraient un grain de poussière dans le corridor ou à la salle à manger, que ce serait pareil.

Évidemment, elles s'en sont vite rendu compte. Et elles le lui rendent bien. L'autre jour, la coupe a débordé. Et elles ne se sont pas gênées pour dire à Victorine ses quatre vérités. Victorine l'a pris de haut et s'est éloignée encore davantage de tout le monde.

Il faut bien le dire, malheureusement: depuis que Victo-rine est arrivée au Foyer, la vie communautaire est souffrante.

ALAIN

Alain vient d'être incarcéré dans le Centre de détention de sa ville. C'est un petit dur. Il a été élevé dans la rue, avec des gangs. Il ne se souvient pas d'avoir porté autre chose que des jeans et une veste de cuir. Il «fume» à l'occasion et boit régulièrement. Il a eu des démêlés avec la police plus souvent qu'à son tour. Ses relations avec les «flics» sont «taillés au gros couteau»: il n'est pas étouffé par le respect.

Quand il est arrivé au Centre et qu'il s'est retrouvé avec des agents de la paix, vêtus de façon assez semblable aux «flics», il s'est mis à jouer le fanfaron, à faire des farces plates et même à lancer quelques polissonneries. Quelle ne fut pas sa surprise de ne pas se faire répondre sur le même ton! Bien au contraire, on s'adressait à lui en lui disant «Monsieur» et en le vouvoyant, s'il vous plaît. Il n'en est pas encore revenu.

N'empêche que depuis son entrée au Centre, Alain s'améliore. Ça lui fait tout drôle qu'on le traite avec respect, lui qui n'a pas connu cela bien souvent. Et il change à vue d'œil.

La joie, la paix, le sourire

« Heureux les artisans de paix. »

Matthieu 5, 9

Mère Teresa de Calcutta a, paraît-il, dit un jour cette très belle parole: «Le sourire est le premier mot de la paix.» Cette petite phrase n'est pas sortie de sa tête après une longue journée de réflexion; elle est sortie de sa bouche après l'avoir vécue et l'avoir vue vivre par ses sœurs et par les gens de Calcutta à longueur de journée.

On sait comme le sourire est porteur de calme, de paix, de sérénité, de joie. Souriez, les gens vous souriront. Quand les gens vous sourient, vous souriez à votre tour. N'est-il pas vrai?

Les psychologues parlent ici de «technique du reflet»: les gens vous renvoient l'image que vous leur envoyez. Si vous êtes fatigués, vous risquez d'être fatigants. Si vous avez l'air bête, ils vous réfléchiront votre bêtise. Mais si vous êtes reposés, vous avez des chances d'être reposants. Regardez les tout petits enfants: si vous leur faites de belles risettes, ils vous en font; si vous êtes tristes, ils pleurent.

En réalité, il s'agit bien plus que d'une technique qui, à la limite, pourrait s'apprendre et ferait beaucoup de bien aux relations humaines, ce qui ne serait déjà pas si mal. Il s'agit, en fait, d'une attitude de toute la personne, d'une disposition du cœur. D'instinct, les gens sentent si vous les aimez en profondeur ou simplement «pour la forme». Si vous saluez les gens avec votre cœur et non pas simplement par habitude, les gens vous le rendront avec leur cœur; autrement, c'est les lèvres serrées qu'ils vous remettront votre bonjour. Si vous dites merci du fond du cœur et non pas seulement du bout des lèvres, les gens vous seront vraiment reconnaissants.

Qu'est-ce qui se dégage de nous, la plupart du temps? Quelles «vibrations» sortent de nous? Quelles «ondes» répandons-nous autour de nous? La joie? la paix? la tolérance? le sourire? l'encouragement? la reconnaissance? le regard lumineux? la main tendue? les bras ouverts? Ou bien: la gueule de bois? la bouche en accent circonflexe? les poings serrés? les lèvres cousues? les yeux dardés? le front plissé? le visage crispé?

JOSEPH

On ne l'a jamais vu se fâcher. Ce n'est pas un lâche, mais c'est un doux. Ce n'est pas un timide, mais c'est un pacifique. Il n'a pas d'ennemis, il n'a que des amis. Il a toujours le bon mot pour faire plaisir. Ce n'est pas calcul de sa part, c'est sa nature qui est ainsi. Il respire la bonté et la bienveillance.

Joseph vit en paix avec lui-même et avec les autres. Il s'aide à bien vivre et il aide les autres à en faire autant. Il a, comme tout le monde, ses migraines, ses petites maladies, ses misères; mais il ne les fait pas porter par les autres. Il ne se plaint jamais. Il endure ses malaises avec le sourire.

Pas étonnant qu'il ait beaucoup d'amis et que les gens recherchent sa compagnie!

«MADAME SOURIRE»

Clothilde fait partie d'un club de cartes. Deux soirs par semaine, elle joue son bridge. Les autres soirs, c'est le cinq-cent et le canasta. Ça passe le temps et ça permet de rencontrer du monde, comme elle dit.

Clothilde adore jouer aux cartes, c'est l'évidence même. Mais, ce qui est surtout merveilleux, c'est que Clothilde est comme la cuillerée de beurre que vous mettez dans le chaudron de sucre à la crème pour l'empêcher de déborder. Sa seule présence est un calmant pour tout le monde.

Elle aime gagner, c'est sûr. Mais, c'est aussi une bonne perdante. De plus, elle félicite les autres quand elles gagnent et sympathise avec elles quand elles perdent.

Elle a le sourire facile et engageant, au point qu'on l'a surnommée «Madame Sourire». Tout le monde se réjouit quand elle est là, et tout le monde l'espère quand elle n'est pas encore arrivée.

Que Dieu nous donne beaucoup de Clothildes!

Une certaine sagesse

« Si quelqu'un manque de sagesse,
qu'il la demande à Dieu... »

Jacques 1, 5

Aimer ses ennemis, prier pour les personnes qui nous haïssent, vouloir du bien à celles qui nous veulent du mal, faire du bien à celles qui nous font du mal, fréquenter les mal-famés, se tenir avec les « pécheurs », tout cela n'est pas bien « naturel ». C'est même un peu fou.

Et pourtant, c'est ce que le Seigneur pratiquait, et c'est aussi ce qu'il enseignait. Cette manière de faire et de dire de Jésus ne manquait pas de faire choc chez ses contemporains. Elle lui attirait des commentaires pas toujours intéressants et faisait même scandale parfois.

C'était à chaque fois, pour Jésus, l'occasion de montrer que les chemins de Dieu ne sont pas toujours les chemins des humains. C'était prendre le risque de faire découvrir aux gens les voies d'une autre sagesse, celle de Dieu, qui était souvent déroutante et qui était en tout cas bien différente de celle des êtres humains.

Mais c'était certainement parce que le Seigneur nous aimait à fond qu'il nous montrait cette nouvelle sagesse. Même si elle apparaissait comme folie aux yeux des gens, elle était sagesse aux yeux de Dieu.

Et peut-être route très sûre de bonheur: pour les autres... et pour nous!

TROISIÈME PARTIE

LE CHRIST ACTUEL

*« Je serai avec vous
tous les jours
jusqu'à la fin du monde. »*

Matthieu 28, 20

1. JÉSUS EST VIVANT

Jésus ne meurt plus

*« Le Christ est vivant
par la puissance de Dieu. »*

2 Corinthiens 13, 4

Quand nous parlons de « Jésus dans notre vie », nous ne parlons pas d'un personnage qui aurait existé autrefois et dont nous évoquerions avec émotion le souvenir. Nous n'entrons pas en contact uniquement avec un personnage du passé, qui aurait vécu il y a deux mille ans. Jésus ne revit pas dans notre mémoire à la manière de Napoléon, du Général De Gaulle ou de René Lévesque.

Jésus est vivant par la puissance de sa résurrection. Si, en effet, il est mort, il est aussi ressuscité. Comme l'affirme saint Paul, il ne meurt plus, il est vivant pour toujours. La mort n'a plus d'emprise sur lui (*Romains 6, 9*).

C'est donc dire que nous pouvons, grâce à notre foi, rencontrer le Seigneur comme quelqu'un de bien actuel. Le Seigneur ne nous a pas laissés seuls. Il a voulu marcher avec nous sur tous nos chemins. Il nous a même, dans sa bonté, laissé quelques bonnes « adresses » où nous pouvons nous retrouver pour le rencontrer. Nous en retiendrons quatre.

LAZARE

C'était un soir de réunion au Café chrétien de la ville. La salle était remplie de jeunes venus pour écouter la Parole de Dieu, pour prier et pour fraterniser. L'atmosphère était à la fête: l'exubérance des jeunes éclatait de partout en même temps que leur désir d'apprendre Dieu.

On en était justement à discuter de la résurrection de Jésus. Marguerite, la religieuse responsable du Café, expliquait que Jésus était toujours vivant, qu'il ne pouvait plus mourir et que, du même coup, il était présent et intéressé à tout ce qui nous arrivait.

Pierrot, un jeune de seize ans, espiègle et sérieux tout à la fois, ne comprenait pas très bien. Il demanda donc à Marguerite:

— Lazare, que Jésus a ressuscité en le faisant sortir de son tombeau tout emmaillotté comme une momie, il était bien mort, n'est-ce pas?

— Oui, bien sûr, de répondre Marguerite.

— Et Jésus lui a bien redonné la vie?

— Oui, c'est bien cela.

— Est-ce qu'il est re-mort? dit-il avec un sourire.

— Oui, comme tout le monde.

— Est-ce qu'il va re-ressusciter à la fin des temps?

— Oui, comme nous tous.

— Et Jésus, lui aussi, était bien mort?

— Oui, sur la croix le Vendredi saint.

— Et il est bien ressuscité?

— Oui, le jour de Pâques.

— Est-ce qu'il est re-mort?

— Non, de dire Marguerite; Jésus ne meurt plus; il est ressuscité une fois pour toutes. Et c'est dans sa mort que nous mourrons nous aussi et c'est dans sa résurrection que nous ressusciterons à notre tour.

— Ah! je comprends maintenant, de dire simplement Pierrot.

2. QUATRE ADRESSES

Première adresse: notre cœur

« Si quelqu'un m'aime,
nous viendrons en lui,
mon Père et moi,
et nous ferons notre demeure
chez lui. »

Jean 14, 23

Nous sommes la demeure même de Dieu. Le Seigneur a voulu venir s'installer au cœur de notre cœur. *« Si vous demeurez en moi comme moi je demeure en vous, vous porterez beaucoup de fruit »*, dira Jésus à ses disciples (*Jean 15, 5*). En fait, toute la Trinité très sainte a voulu habiter en nous. Le grand saint Paul ira jusqu'à dire aux Corinthiens: *« Ne savez-vous pas que votre corps est le temple du Saint-Esprit qui est en vous? »* (1 Corinthiens 6, 19).

C'est donc dire que, comme nous le rappelle saint Jean, si nous nous efforçons d'aimer Dieu, il est *en nous*. C'est à peine croyable, tellement c'est simple et extraordinaire tout à la fois. Mais pourtant c'est bien vrai. Le Seigneur est présent au plus intime de nous-mêmes. Nous avons en nous comme une petite chapelle, comme un tabernacle divin. Avec les yeux de la foi, nous pouvons vivre en union constante avec le Seigneur. Nous pouvons à tout instant et en toute circonstance entrer en contact avec lui. N'est-ce pas merveilleux? C'est peut-être cela que les spécialistes de la prière appellent *la prière spontanée*, c'est-à-dire cette prière qui jaillit de notre cœur selon l'émotion, un peu comme une « bouffée de prière » qui sortirait du trop-plein de notre « bouilloire spirituelle »: elle s'appelle tantôt cri de joie ou soupir de soulagement, tantôt lamentation de douleur ou parole d'action de grâce ou que sais-je encore? Tout dépend de ce que nous sommes en train de vivre.

Il arrive que nous levions les yeux au ciel pour prier Dieu. C'est un réflexe que nous avons peut-être développé quand nous voulons parler au Seigneur. Fort bien. Mais réalisons-nous que nous pouvons également baisser les yeux, nous mettre en présence de notre Dieu intérieur et le prier au plus profond de notre cœur? Il n'y a pas de doute: il s'agit là d'un chemin royal pour accéder à ce que l'on appelle *la vie intérieure*.

Cette première «adresse» est très pratique, en plus. Nous ne pouvons pas toujours nous rendre à l'église pour rencontrer le Seigneur. Mais nous pouvons toujours frapper à la porte de notre cœur pour y trouver la Trinité divine, pour lui parler, pour la prier, pour nous reposer en elle tout doucement. C'est peut-être cela que l'on appelle aussi *la prière du cœur*: c'est toujours une prière remplie d'amour, l'amour que nous donnons au Seigneur à propos de tout ce que nous vivons, et aussi l'amour que nous recevons de lui à chaque instant de notre existence. C'est le cas de le dire, nous en arrivons ainsi à vivre dans un *cœur-à-cœur* perpétuel avec le Seigneur et c'est ainsi que, petit à petit, notre relation avec Lui grandit jusqu'à atteindre des sommets de perfection insoupçonnés. Le Seigneur a voulu ainsi mettre la sainteté à la portée de tous.

Comme le Seigneur est bon de nous avoir fourni cette première adresse!

PIERRE-PAUL

Il n'a pas grande instruction: à vrai dire, il sait à peine lire et écrire. C'est toujours pénible de le voir s'essayer à déchiffrer ces signes qu'on appelle des lettres. Mais il a le cœur gros «comme une montagne».

L'autre soir, dans un «meeting» du Puits de Jacob, il a découvert que le Seigneur habitait dans son cœur comme dans une petite église personnelle. Alors tout joyeux, il s'est écrié: «Comme ça, je peux parler à mon bon Dieu n'importe où et n'importe quand, puisque mon cœur me suit partout.» Réflexion naïve, dira-t-on. Oui peut-être. Mais dans sa spontanéité, Pierre-Paul avait tout à fait raison.

Et depuis ce jour, Pierre-Paul ferme les yeux souvent pour parler au Seigneur de son cœur. Il lui parle de tout et de rien, comme un enfant raconte le menu de sa journée à ses parents. Ils sont devenus ainsi de jour en jour de très bons amis. Pierre-Paul n'est plus seul: le Seigneur est toujours avec lui et il est toujours avec le Seigneur.

ANTOINE

Antoine a une bonne route à faire tous les matins pour aller à son travail. Il demeure dans une ville-dortoir et il lui faut une demi-heure d'auto pour arriver à son bureau quand les conditions sont idéales. Quand il pleut ou que le trafic est trop dense, il lui faut davantage de temps.

Cela lui importe peu. Antoine a pris l'habitude de parler à son Dieu intérieur tout au long du chemin. Il lui présente les personnes qu'il rencontre sur la route, même s'il ne les connaît pas. Il se dit que chacune a sa petite histoire personnelle, avec ses joies et ses souffrances, et qu'une petite prière ne peut faire de tort à personne.

Tiens, justement, un chauffard vient de lui faire une «queue-de-poisson» juste sous le nez. Antoine a eu comme premier réflexe de lui servir intérieurement une belle liste de surnoms pas trop catholiques. Cela se comprend: l'autre a failli arracher l'aile gauche de sa voiture et Antoine a dû faire un virage rapide à droite. Mais le deuxième réflexe d'Antoine a été de dire au Seigneur de son cœur: «Pardon pour les gros mots que je viens de dire... et merci pour l'accident évité... et aussi aide-le donc à être un peu plus prudent.»

C'est ainsi tout au long du chemin. Antoine profite de tout ce qui passe, c'est le cas de le dire, pour établir et entretenir le contact avec le Seigneur qui habite au plus intime de son cœur. Antoine est bien avec son Dieu. Et Dieu aime bien écouter Antoine lui parler.

MARGUERITE

Marguerite est femme d'intérieur. Elle passe la majeure partie de son temps à préparer les repas pour sa petite famille, à faire le ménage, le lavage, le repassage, etc. C'est aussi une femme d'intérieur en ce sens qu'elle est presque toujours en dialogue avec le Dieu qui habite dans son cœur.

L'autre avant-midi, alors qu'elle était à faire mijoter de la bonne nourriture dans ses chaudrons en même temps qu'elle frottait les meubles de sa salle à dîner, elle reçut coup sur coup deux «visites».

La première lui a apporté beaucoup de joie au cœur. C'était de bons amis qu'elle n'avait pas vus depuis longtemps. Son premier réflexe en leur ouvrant la porte fut de dire au Seigneur de son cœur: «Ah! Seigneur, que je suis contente de cette belle visite... je te le dis bien simplement... pour que nous partagions ensemble cette joie.»

La deuxième fut une visite bien fatigante. Un vendeur de balayeuse qui lui fit perdre plus d'une demi-heure de son temps. En le voyant, Marguerite fit aussi une courte prière à son Dieu intérieur: «Ah! Seigneur, donne-moi de la patience... il va m'en falloir pour supporter ce type qui va me retarder dans mon ouvrage!»

Marguerite prie ainsi à longueur de journée... à propos de tout: elle vit constamment en compagnie de Jésus. Ce n'est pas étonnant que ses yeux soient comme des diamants et que sa bouche offre un sourire perpétuel!

Deuxième adresse: nos réunions

*« Là où deux ou trois sont réunis
en mon nom,
je suis au milieu d'eux. »*

Matthieu 18, 20

Jésus a voulu que nos réunions faites en son nom deviennent le signe de sa présence au milieu de nous. Et Dieu sait si nous en avons des réunions! Et Dieu sait comme il serait souvent facile qu'elles soient faites au nom du Seigneur!

Il y a bien sûr les réunions convoquées explicitement pour louer le Seigneur, pour écouter ou commenter sa Parole, etc. On pense tout naturellement à nos assemblées dominicales et aux messes sur semaine. Mais on pense aussi aux rencontres de divers mouvements spirituels et apostoliques comme le Cursillo, la Rencontre, le Renouement conjugal, etc. Comme ce serait facile de penser explicitement à la présence du Seigneur en nous (première adresse) et au milieu de notre rassemblement! Cela ne vaut-il pas la peine d'en prendre conscience clairement et à chaque fois?

Et puis il y a les rencontres diverses: marguilliers, bénévoles, etc. Mais aussi les réunions de bureau, d'affaires, etc. Et encore les meetings de divers groupes d'alcooliques, de drogués, de «gamblers», etc. Et même les repas de famille, les rencontres à deux ou à trois ou à plusieurs au restaurant, etc. Et aussi les conférences diverses... Prendre conscience que ce sont des enfants de Dieu, des chrétiens et des chrétiennes qui se réunissent; au besoin, improviser une prière ensemble, réaliser que Jésus est là au cœur de nos rencontres. Quel merveilleux moyen de cultiver le contact avec le Seigneur, de développer sa foi et d'entretenir son espérance!

BOB

Bob, c'est ainsi que tout le monde l'appelle au Centre de détention, attend sa sentence. Il passe en procès demain. Et il sait qu'il aura une grosse «bitte» à faire: il est accusé de meurtre au second degré et, comme il a déjà un dossier, la sentence ne sera pas légère.

Il a demandé à rencontrer l'aumônier. Bob, il faut le dire, est un bon croyant. Curieusement, c'est en prison qu'il a renoué avec Dieu: il s'est mis à lire la Bible, à aller à la messe de dimanche en dimanche et à prier le soir dans sa cellule. Mais aujourd'hui, veille de sa sentence, il avait besoin de parler un peu avec le «curé de la boîte», comme il dit.

Bob s'est assis en face de Normand dans le petit local qui sert de bureau à l'aumônier. Une toute petite table les séparait. Et alors Bob a dit à Normand: «Je voudrais qu'on prie ensemble... j'en ai besoin avant de recevoir ma sentence... Je veux que tu m'aides à parler au bon Dieu... Avec ce que je vis en ce moment, je n'y arrive pas tout seul. Si tu veux, tu vas dire un bout de prière et je vais le répéter...»

Normand était bien d'accord pour prier avec Bob. Mais auparavant ils ont échangé un peu ensemble. Au cours de la conversation, Normand a rappelé à Bob que le Dieu qu'ils allaient prier dans un moment habitait au plus profond de leur cœur et qu'il était également présent au milieu d'eux puisqu'ils étaient là ensemble en son nom. Bob, qui a la foi simple des pauvres du bon Dieu, n'a eu aucune difficulté à croire à ces deux «adresses» de Jésus.

Et alors, les yeux fermés, en présence de leur Dieu intérieur qui était en même temps au milieu d'eux, Normand a commencé à parler au Seigneur et Bob s'est mis à répéter la prière avec ferveur. Après quelques phrases, Normand n'a plus eu besoin de parler, Bob a continué tout seul cet étonnant dialogue avec le Seigneur.

C'était très beau. C'était très bon... pour les deux.

MAMAN LUCIE

Maman Lucie a un petit garçon de trois ans qui se nomme Stéphane. Mais dans la vie de tous les jours, Stéphane appelle sa mère Lulu et Lucie parle toujours à Steve. Ils forment une bonne paire d'amis: ils sont bien ensemble. Lucie aime son Steve comme toute bonne maman et Steve trouve que sa maman est «la meilleure».

Le soir, juste avant de s'endormir, Lulu prend le temps d'écouter Steve lui raconter sa journée et aussi les rêves qu'il va faire durant la nuit. Steve, qui n'est pas pressé de dormir, en a des choses à dire à sa mère. Et Lucie écoute avec la patience et l'amour des mamans.

Quand Steve a fini de se raconter, Lucie ne manque jamais de parler à Jésus avec son grand Stéphane. Depuis longtemps, ils savent que Jésus est dans leur cœur, mais depuis quelques jours maman a appris à son fils que Jésus est aussi au milieu d'eux pour les écouter et les aimer. Et le

petit Steve, qui a confiance en sa maman, n'a aucun pro-
blème à croire que Jésus est à la fois dans son cœur, dans
le cœur de sa maman et avec eux. Il lui parle comme à un
ami et il est content que sa maman en fasse autant.

Troisième adresse: le pauvre

> *« En vérité,*
> *je vous le dis,*
> *chaque fois que vous l'avez fait*
> *à l'un de ces petits*
> *qui sont mes frères,*
> *c'est à moi que vous l'avez fait. »*
>
> Matthieu 25, 40

Avec cette troisième adresse, le Seigneur a pour ainsi dire « fait d'une pierre deux coups »... et même plusieurs coups. C'est que le Seigneur veut vraiment que nous le trouvions facilement, et en même temps il veut que nous nous occupions des pauvres. Alors, le moyen qu'il a trouvé pour que nous l'aimions en même temps que le pauvre, c'est précisément que nous nous intéressions aux plus mal-pris que nous.

Le Seigneur tient tellement à cet amour des pauvres qu'il n'a pas hésité à s'identifier à eux. Jean-Paul II, lors de sa visite au Canada, l'a répété aux malades, aux handicapés, qu'il a visités dans divers établissements: « Vous représentez d'une manière mystérieuse mais réelle le Seigneur Jésus lui-même », leur a-t-il répété. Et Mère Teresa dit la même chose: «Quand moi ou mes sœurs nous cueil-lons un bébé abandonné sur la rue ou que nous rencon-trons un vieillard en train de mourir sur le trottoir et que nous les hébergeons chez nous, c'est Jésus lui-même que nous logeons», affirme-t-elle avec toute la force de sa foi. Le grand théologien Karl Rahner dit que Jésus n'a pas dit une parole en l'air quand il s'est identifié aux prisonniers: «J'étais prisonnier et vous êtes venus me voir» (*v. 36*).

Bien plus en nous donnant cette adresse, le Seigneur n'a-t-il pas fait de l'amour effectif des pauvres la matière principale du jugement dernier? Il en a fait, pourrait-on dire, une question d'éternité... à la portée de tous. Nous sommes peut-être plus mal-pris que d'autres, mais il y a également toujours quelqu'un de plus mal-pris que nous. Si bien qu'il nous est toujours possible d'aider un plus pauvre que nous et de reconnaître Jésus en lui, du fait qu'il est effectivement pauvre.

«J'avais faim et vous m'avez donné à manger.» Le Sei-gneur ne dit pas: «Quelqu'un avait faim...», il dit: «J'avais faim et vous m'avez donné à manger.» Il ne dit pas: «J'avais faim... et vous m'avez donné une tape sur l'épaule ou un mot d'encouragement», non il dit: «Vous m'avez donné à manger.» Tant de gens ont faim de nourriture mais aussi d'affection, d'écoute, de reconnaissance... Et pas au bout du monde... ici même.

«J'avais soif et vous m'avez donné à boire.» «Vous m'avez donné de l'eau de la source, mais aussi l'eau de la vérité, l'eau de l'amitié, l'eau de la bonne entente.»

«J'étais nu et vous m'avez vêtu.» «Vous m'avez donné des vêtements... vous m'avez aussi vêtu de dignité, de res-pect, de non-jugement et de non-condamnation...»

« J'étais malade et vous m'avez visité. » « Malade dans mon corps, mais aussi dans mon esprit, dans mon âme, dans mon cœur... »

« J'étais prisonnier et vous êtes venus me voir. » « Prisonnier derrière les barreaux mais aussi prisonnier de moi-même, de mes dépendances: de l'alcool, de la drogue, des médicaments, de la cigarette, des boissons douces, du jeu; prisonnier de ma paresse, de mon égoïsme, etc. Et votre venue m'a apporté l'espoir, un vent de liberté, un souffle d'autonomie personnelle... »

« Des pauvres, vous en aurez toujours parmi vous », dit le Seigneur. Et pas besoin d'aller au bout du monde pour en trouver. Ils sont là tout près de nous. Il suffit d'ouvrir les yeux de son cœur et de son corps pour les trouver... et du même coup d'y trouver le Seigneur.

LES DEUX POMMES

C'est un pauvre type. Il n'a pas eu la chance d'apprendre à lire, à écrire ou à compter, ballotté qu'il a été d'un foyer nourricier à l'autre durant toute son enfance et son adolescence. Il a toujours du mal à se trouver du travail parce qu'il n'est même pas capable de remplir le formulaire que l'employeur lui tend avant de l'engager. Plus souvent qu'autrement, il vit du maigre chèque du bien-être. Et, comme il arrive souvent à ces malheureux, pour oublier sa triste situation, il le boit rapidement à la taverne du coin. Du même coup, il se retrouve sans le sou et sans aucune nourriture dans son garde-manger ou dans son réfrigérateur.

L'autre jour, il m'a téléphoné pour me dire qu'il était sans le sou, sans manger, sans travail, «sans rien», selon son expression désespérée. J'ai tout de suite compris qu'à travers son cri de détresse, c'était Jésus lui-même qui appelait et je suis allé le trouver dans son petit appartement du centre-ville qu'il loue à vingt-cinq dollars par semaine et qu'il paie quand il peut.

Sur sa petite table de cuisine, il y a avait deux pommes. Je lui ai dit pour rire un peu: «Tu as organisé le comité d'accueil: une pomme pour toi et une pomme pour moi.» Il ne l'a pas trouvé drôle. Il m'a dit: «Non, ces deux pommes, c'est ma nourriture pour les deux prochains jours.» Alors, nous sommes allés dans un restaurant de «fast-food» et il a mangé des frites, des hot-dogs et des hamburgers... pour les deux jours précédents et les deux jours suivants...

Quand nous nous sommes retrouvés dans son logis, nous nous sommes assis à sa table de cuisine. Malgré sa misère et peut-être à cause d'elle, c'est un bon croyant qui prie Dieu tous les jours. Je lui ai dit bien simplement et bien sincèrement: «Quand je viens te voir, je viens voir un vieil ami et je viens aussi saluer Jésus qui vit en toi d'une manière toute spéciale.»

Il m'a regardé et deux grosses larmes ont coulé de ses yeux.

GRAND-MAMAN DIANA

Ma grand-mère Diana était une femme forte dans tous les sens du mot. Mère de treize enfants. Épouse d'un homme qui était à lui seul une véritable institution: gros fermier, notable du village, propriétaire d'un banc à l'église et gros parleur sur le perron à la sortie de la messe... Elle faisait elle-même son pain, son beurre, son savon-du-pays, les robes et les culottes de ses enfants... Ils faisaient ensemble leur boucherie à même les veaux et les cochons de la ferme, mais aussi le «train» deux fois par jour et les «bottines» d'avoine quand venait le temps des récoltes.

Chaque été, j'allais passer mes vacances d'école à la ferme de mes grands-parents. Cela me reposait et reposait en même temps mes parents! Cela m'apprenait aussi bien des choses sur la vie simple de mes aïeuls et surtout sur leur grande foi.

C'est ainsi que mon grand-père ne coupait jamais le pain sans auparavant avoir fait avec la pointe de son couteau un grand signe de croix sur la croûte. C'est ainsi que ma grand-mère ne fermait jamais sa porte aux «quêteux» qui étaient nombreux à l'époque à passer dans les rangs de la campagne pour demander un peu de nourriture ou d'argent «pour l'amour du bon Dieu». Ma grand-mère avait l'habitude de dire: «Il ne faut pas laisser les quêteux dehors, car c'est Jésus qui passe.»

Je m'en souviens comme si c'était hier.

KARL

Karl passe pour le plus grand théologien de la deuxième moitié du vingtième siècle. Et il l'est sûrement. C'est une sommité mondiale. Il donne des conférences dans le monde entier où ses écrits l'ont précédé depuis longtemps. Il est reconnu comme une grande autorité.

L'autre jour, il a écrit un article dans une grande revue sur la présence effective de Jésus dans les prisonniers. Faisant écho à la parole de Jésus: «J'étais prisonnier et vous êtes venus me voir», il n'a pas hésité à dire qu'il fallait prendre «à la lettre» cette parole de Jésus et il l'a prouvé de différentes manières. L'un de ses lecteurs, qui n'a pas un amour particulièrement bien vif pour «ces bandits», comme il les appelle, n'en est pas revenu. «Comment peut-il leur trouver quelque chose de bon... et surtout comment peut-il voir Jésus en eux?» a-t-il répliqué vivement.

Pourtant c'est bien la pure vérité. Jésus est là présent au cœur des souffrants, et Dieu sait s'il y en a de la souffrance dans les prisons! Jésus est là au cœur des plus démunis, et Dieu sait s'il y en a des pauvretés au cœur des personnes incarcérées...

Jésus est là présent, non pas seulement où on veut qu'il soit, mais bien où il a choisi d'être... C'est à faire réfléchir... et à croire... et à aimer!

Quatrième adresse: l'Eucharistie

« Je suis le pain vivant...
Qui mange ma chair
et boit mon sang
a la vie éternelle... »

Jean 6, 54

« Prenez et mangez-en tous:
ceci est mon corps...
Prenez et buvez-en tous:
ceci est mon sang. »

Matthieu 26, 26-28

L'Eucharistie! Quelle adresse importante, à notre portée! Jésus voulait tellement continuer à être avec nous et que nous soyons avec lui dès maintenant et pour toujours, qu'il a inventé l'Eucharistie.

Eucharistie célébrée. La messe. Ce n'est pas pour rien que l'Église nous demande de participer à la messe chaque dimanche. Ce n'est pas rien qu'une question d'obligation et de commandements. C'est une question de foi: reconnaître Jésus dans le pain et le vin consacrés dans l'assemblée des chrétiens réunis (deuxième adresse), dans chacune des personnes (première adresse). C'est aussi une question de charité envers tous, mais aussi envers les plus pauvres: car une eucharistie célébrée même régulièrement ne serait pas complète si elle ne débouchait pas dans un engagement concret de charité. C'est enfin une question de vie: la vie de foi et de charité a besoin de se nourrir régulièrement pour se maintenir en santé et pour être capable de pratiquer l'amour du prochain.

Eucharistie consommée également. Se nourrir de Jésus à la communion toutes les fois que c'est possible. C'est une question de vie en santé, nous venons de le voir. C'est aussi une question de vie éternelle: «Qui mange ma chair a la vie éternelle.» Jésus se donne en nourriture non seulement par sa Parole, mais aussi par son Corps et son Sang eucharistiés. Y croyons-nous vraiment? Peut-on imaginer ici-bas une façon plus directe et plus efficace d'entrer en contact avec Jésus vivant?

Eucharistie contemplée enfin. Adorer le Seigneur dans son saint Sacrement. Que ce soit dans le tabernacle ou au cœur de l'ostensoir, se laisser dorer tout doucement au soleil de Jésus, lui dire qu'on l'aime, lui parler de tout et de tous, de rien et de personne. Être là simplement en présence du Dieu aimé et aimant. Les gens qui se laissent dorer au soleil de l'été prennent un «sun-tan» éclatant qu'on leur envie souvent; les gens qui se laissent dorer au soleil de Jésus-Eucharistie prennent le goût de Dieu et le donnent aux autres... Il suffit d'y croire pour trouver du temps pour son «bronzage» eucharistique régulier... ou pour en faire.

GERTRUDE

Gertrude sort à peu près tous les après-midi. Elle va visiter des amies, elle fait ses commissions, elle se promène pour prendre l'air. Gertrude est à la retraite. Elle vit toute seule dans sa grande maison comme beaucoup de personnes âgées retraitées. Elle a du temps derrière elle mais aussi devant elle.

Quand elle a fini ses visites, Gertrude prend le chemin du retour vers sa maison. Mais elle n'entre jamais directement. Elle prend toujours le temps de s'arrêter quelques minutes à l'église qui se trouve sur sa route. Histoire de se reposer un peu: elle dit que le Seigneur est bien reposant! Histoire aussi de parler à Jésus de ses enfants, de ses petits-enfants et même de ses arrière-petits-enfants... Histoire de lui parler de toutes les personnes qui lui passent par la tête et le cœur... Histoire encore de lui parler du monde qui ne va pas toujours bien à son goût et qu'elle suit dans le journal... Et ainsi de suite.

Gertrude écoule bien son temps. Elle vieillit bien. Déjà, elle se prépare très bien à sa grande rencontre avec son Dieu qu'elle a hâte de voir face à face quand son heure sera arrivée.

GHISLAIN

Tous les matins, Ghislain quitte sa maison vers sept heures et demie, son attaché-case sous son bras. Ghislain est un homme d'affaires qui dirige une petite entreprise dans la périphérie de la grande ville.

Tous les matins, Ghislain entre à l'église de saint François pour y entendre la messe et pour y communier. Il se dit qu'il a besoin de débuter sa journée de cette façon pour qu'elle soit bonne. Ensuite, il prend un petit déjeuner dans un restaurant des environs.

Puis il entre au bureau de bonne humeur. Ses collaborateurs ne s'en plaignent pas, loin de là.

LE PÈRE RAYMOND

Tous les jours, le Père Raymond célèbre la messe. Parfois il est presque seul, les jours de semaine. Parfois il est accompagné de plusieurs personnes, le dimanche.

Toujours après sa messe, le Père Raymond se rend au fond de la nef de l'église et là il s'agenouille derrière le dernier banc. Sur le pavé. Et durant de longues minutes, il s'abîme dans une belle grande action de grâce. C'est un moment important de sa journée qui ne lui paraît jamais trop long.

SONIA

L'autre jour, je rencontrais Sonia qui réussit tout aussi bien ses tartes à la cuisine que ses affaires au bureau. Elle ne manque jamais sa messe quotidienne. Même en vacances. « C'est une nourriture, me disait-elle, j'en ai tout autant besoin que mes trois repas de chaque jour. »

QUATRIÈME PARTIE

LE CHRIST PASCAL

« Lui, de condition divine,
ne retint pas le rang
qui l'égalait à Dieu.
Il s'abaissa lui-même
jusqu'au rang d'esclave
en prenant la condition humaine...
C'est pourquoi Dieu l'a exalté... »

Philippiens 2, 6-7.9

Notre *premier chemin* pour entrer en contact avec le Seigneur nous a conduits à contempler Jésus quand il vivait sur la terre, que nous avons nommé le *Jésus des évangiles*. Et nous avons vu qu'à sa suite nous sommes invités, nous aussi, à *aimer* Dieu, tout le monde et en particulier les pauvres et les pécheurs.

Notre *deuxième chemin* nous a fait découvrir le *Christ actuel*, toujours vivant par la puissance de sa résurrection. Et nous nous sommes attardés tout spécialement à *quatre adresses* où nous pouvons aujourd'hui entrer en contact avec Lui.

Il nous reste un *troisième chemin* à explorer un peu. C'est celui du *Christ pascal*, qui nous rejoint tellement dans nos existences quotidiennes à travers ses appauvrissements et sa glorification, ses souffrances et ses joies, auquel nous sommes appelés à nous identifier de plus en plus à mesure que nous avançons dans la vie.

1. QUAND LA VIE TOURNE BIEN...

> *« Que c'est bon*
> *pour nous d'être ici ! »*
> Matthieu 17, 4

Il y a des moments dans la vie qu'on voudrait voir durer toujours, tellement ils génèrent en nous de la satisfaction et nous donnent du bonheur. Il y a même des époques de notre vie où il nous semble qu'il n'y a que du soleil, des fleurs, des colombes. Ces périodes de notre vie nous font ou nous refont.

C'est le temps où tout nous réussit: les examens, les projets, les rêves mêmes. C'est le temps où nous aimons et où nous sommes aimés, où nous existons pour quelqu'un et où quelqu'un existe pour nous. C'est le temps où nous sommes appréciés dans ce que nous faisons, dans ce que nous disons, bref dans ce que nous sommes.

Ce n'est pas nécessairement un temps où nous possédons beaucoup, où nous vivons dans un confort extraordinaire, où nous nous payons toutes sortes d'extravagances. Non, c'est un temps où nous vivons souvent des choses bien ordinaires, semblables d'une journée à l'autre. Mais nous les vivons dans un grand contentement intérieur, dans la paix avec les autres, dans la richesse de belles relations humaines... et même divines. Nous les vivons en profondeur et en intensité. En somme, c'est un temps de bonheur, simple et vrai.

« Ah ! si ça pouvait continuer comme cela longtemps », nous surprenons-nous à dire parfois. La chanson ne dit-elle pas: « Lorsqu'on est heureux, on voudrait arrêter le temps... » ? Et le poète n'écrivait-il pas: « Ô temps, suspends ton vol ; et vous, heures propices, suspendez votre cours ; laissez-nous savourer les rapides délices des plus beaux de nos jours ! » (Lamartine) ?

Quand ça va bien, ça va bien !

> *« Père,*
> *je te remercie*
> *de ce que tu m'as écouté. »*

Jean 11, 41

Jésus a connu des moments de sa vie et même des époques de son existence terrestre où tout allait bien pour lui.

On peut penser à sa vie de famille avec Marie et Joseph qui a sûrement été une belle époque de sa vie. On peut penser également aux moments d'intimité tout particuliers qu'il avait avec son Père dans sa prière, la nuit sur la montagne, et à cette rencontre merveilleuse de la Transfiguration sur le Thabor. On peut aussi penser à certains succès de sa vie apostolique.

Jésus était sûrement heureux quand les foules accouraient pour écouter ses enseignements, car alors il pouvait leur faire connaître son Père bien-aimé et le chemin du Royaume. Il était sûrement content quand il guérissait un malade, délivrait un possédé d'un mauvais esprit ou redonnait la vie à un mort. Comme il devait être content, quand il voyait la lumière surgir dans les yeux d'un aveugle et le sourire illuminer son regard, quand il voyait un infirme sauter de joie une fois guéri, quand il a vu le fils de la veuve de Naïm se lever et sans doute embrasser sa mère...

Jésus devait aussi savourer l'amitié qu'il partageait avec ses apôtres et ses disciples et aussi avec Lazare, Marthe et Marie. Il a sûrement goûté au plus haut point ses rencontres avec Nicodème, avec la Samaritaine, avec Zachée, avec la femme adultère, avec la Cananéenne, avec Marie-Madeleine, etc.

Le jour des Rameaux, Jésus a goûté à la reconnaissance

des gens. On l'acclame avec des Hosannah, on le proclame «Fils de David», on étend sur son chemin des branches d'olivier et des manteaux. Le Seigneur était sensible non pas seulement au fait qu'il était adulé par la foule, mais surtout qu'il était reconnu comme Messie.

Jésus était Fils de Dieu mais il était aussi fils de Marie et de Joseph. Vrai Dieu, il était aussi vrai homme. Il avait des émotions et des sentiments. Et quand il était aimé et apprécié, il en était heureux. Comme n'importe qui d'entre nous.

> « *Père,*
> *je te rends grâce...* »
>
> Jean 11, 41

Ces moments et ces époques de grande satisfaction et de bonheur tranquilles sont propices à la prière d'action de grâce, de remerciement ou de louange.

Ce sont des temps où Dieu nous apparaît comme un Père bienveillant et bienfaisant, comme une Mer de tranquillité, comme un Soleil de lumière. Ce sont des temps de repos en Dieu et avec Dieu.

Qu'ils soient vécus dans l'écoulement paisible des jours ou au contraire comme des explosions soudaines de joie, ils nous rafraîchissent toujours le cœur et réjouissent les autres. Nos « vibrations » sont positives et nos « ondes » sont fécondes.

GILLES ET GINETTE

Quand Gilles a rencontré Ginette pour la première fois, ce fut le vrai coup de foudre. Depuis ce jour, il n'a d'yeux que pour elle. Quant à Ginette, elle ne cesse de parler de Gilles à qui veut l'entendre. Ils se téléphonent au moins deux fois par jour, de longs téléphones.

Depuis qu'ils se connaissent et se fréquentent, la vie est belle. Il a les yeux comme des soleils et elle a la bouche comme un cœur. La vie est un petit paradis pour eux. Et ils souhaitent que ça puisse durer toujours!

ROXANNE

Roxanne, c'est la toute petite fille de Sylvain et de Pascale. Elle a à peine deux mois, mais c'est elle qui occupe toute la place à la maison. Son père et sa mère sont tout fiers de s'occuper du fruit de leur amour.

Et que dire alors des grands-parents? Ils ne cessent de dire à qui veut les entendre qu'«avoir un enfant, c'est ce qu'il y a de plus grand et de plus beau dans la vie». Et évidemment ils sont très fiers de leur petite-fille: ils lui trouvent le nez de son père et les sourcils de son grand-père, les yeux de sa mère et la bouche de sa grand-mère...

C'est normal qu'il en soit ainsi. Quand on aime et qu'on est aimé, la vie est belle et bonne.

Et Roxanne, qui est encore bien trop petite pour se

rendre compte de tout cela, est quand même devenue le rayon de soleil de ses parents et des grands-parents.

GILBERT

La paroisse de Saint-Raphaël vit depuis quelques semaines avec son nouveau curé. C'est une «véritable lune de miel» pour tout le monde.

Les paroissiens n'en reviennent pas de constater comme Gilbert est un «être affable et souriant», comme «il a une belle façon», comme «il s'occupe de nos enfants». Ils disent, non sans une petite pointe d'humour au coin des lèvres: «Notre ancien curé était extra, mais Gilbert, lui, il est super!»

Quant à Gilbert, il savoure avec joie et simplicité ces premiers contacts avec les divers membres de sa nouvelle communauté chrétienne. Lui aussi, il les trouve «super»: ils l'ont bien accueilli et, depuis son arrivée, ils lui facilitent son travail de mille et une façons; il y a de ces petits détails qui ne trompent pas.

En somme, tout le monde est content et se surprend à dire: «Si ça peut durer comme ça longtemps!»

JULIANA

Juliana a quatre-vingt-quatre ans. Elle est hébergée dans un Foyer pour personnes âgées. Elle n'est pas trop malade, comme elle dit souvent. Elle marche moins vite qu'avant, elle dort plus légèrement, elle digère plus lentement. Mais, somme toute, elle est encore «pas trop pire».

Juliana occupe bien ses journées: elle écoute la messe à la télévision locale tous les après-midi, ensuite elle récite son chapelet avec le curé à la radio, puis elle en ajoute deux autres «pour compléter son rosaire»; elle trouve encore du temps pour «faire ses dévotions»: elle prie saint Jude pour les personnes les plus désespérées, la bonne sainte Anne pour les familles dans le malheur, Notre-Dame-du-Perpétuel-Secours pour les misérables, saint Joseph pour faire une bonne mort...

Juliana trouve encore du temps pour téléphoner à toutes sortes de gens: ce n'est pas qu'elle s'ennuie, mais c'est plutôt qu'elle veut s'informer de tous et de chacun, et elle trouve une «bonne parole» pour tout le monde... et surtout pour leur dire qu'elle prie pour eux.

Juliana est une belle «petite vieille» qui vieillit bien. On dirait qu'elle n'est plus capable de se fâcher, qu'elle trouve du bon dans tout le monde et qu'elle a développé une capacité de tolérance hors du commun.

Juliana est heureuse et fait des heureux.

2. QUAND LA VIE SE MET À CRAQUER

> *« Pourquoi, Seigneur,*
> *es-tu si loin?*
> *Pourquoi te caches-tu*
> *aux jours d'angoisse? »*

Psaume 10, 1

S'il y a des jours de douce tranquillité et des époques de parfait bonheur, il y en a d'autres où la vie semble nous glisser entre les doigts comme l'eau de la fontaine, ou nous filer sous les pieds comme l'écume de la mer.

Que ce soit petit à petit ou soudainement, la souffrance frappe à notre porte et parfois s'y installe à demeure. C'est un accident grave, c'est une maladie chronique, c'est une menace de mort, c'est un revers de fortune, c'est un échec familial, c'est une sérieuse erreur de parcours, c'est l'évanouissement d'un projet de vie, c'est une peine d'amour, et quoi encore?

Souffrance d'événements qui nous tombent dessus, qui nous défont, nous paralysent, nous démobilisent, détruisent notre joie et notre enthousiasme, nous brisent l'âme, le cœur et le corps.

Souffrance aussi de notre pauvre condition humaine. Nous ne sommes pas à la hauteur de ce que les autres et Dieu attendent de nous. Nous nous décevons nous-mêmes. Nous constatons trop bien la distance qu'il y a entre notre moi véritable et profond et le moi que nous projetons en image forcément superficielle et déformée. Nous souffrons aussi de ne pas être plus avancés en sainteté. Nos chutes nous écrasent et nous humilient. Nous avons mal à l'être. Non seulement nous avons mal au cœur, mais nous avons mal dans le cœur, ce qui fait bien plus mal.

Et puis, à mesure que nous avançons dans la vie, nous

constatons que notre vieux corps ne répond pas aussi bien ou même plus du tout aux commandes que notre esprit lui passe: insomnies, mauvaise digestion, essoufflement, arthrite, constipation chronique... et mettez-en! Nous nous acheminons lentement vers la mort. Nous nous défaisons ou plutôt nous nous faisons défaire! N'est-ce pas Jésus lui-même qui disait à Pierre: «Aujourd'hui, c'est toi qui attaches ta ceinture, mais viendra un temps où ce sera un autre qui te l'attachera» (*Jean 21, 18*)?

Que nous le voulions ou non, même si nous mettons tout en branle pour l'éviter, tôt ou tard, et souvent plus d'une fois au cours de notre vie, nous atteignons notre «bas-fond», nous touchons le plancher de la piscine, nous coulons au fond du baril. Les épreuves nous tombent dessus et l'usure du temps et de notre personne nous remet en question.

On a beau dire que ce que l'on perd en vitesse on le gagne en sagesse, il reste que parfois on voudrait être moins sage et se retrouver plus jeune. Le poète chante avec une certaine tristesse: «Quand on a les dents, on n'a pas l'argent; quand on a l'argent, on n'a pas les dents»; et l'adage n'affirme-t-il pas: «Si jeunesse savait, si vieillesse pouvait...»?

La terre est, paraît-il, une vallée de larmes. Et la souffrance nous rejoint tôt ou tard. Nous connaissons tous l'histoire de Job.

Et alors on ne tarde pas à chercher un sens à ses malheurs et à se poser les grandes questions.

> « *Mon âme est triste*
> *à mourir !* »

> Marc 14, 34

Jésus a lui aussi connu la souffrance. Jésus lui aussi a connu, pour reprendre le langage de saint Paul, des abaissements, des appauvrissements, des anéantissements. Et il en a souffert comme n'importe quelle personne humaine.

D'abord, tout Fils de Dieu qu'il était, il a accepté de devenir un homme. Comme dit un vieux cantique de Noël, « pour un Dieu, quel abaissement ! » Saint Paul traduira : « Il ne retint pas jalousement sa condition divine, mais il s'anéantit en devenant un homme... » (*Philippiens 2, 7*). Jésus a accepté librement cet « appauvrissement » pour nous sortir du bas-fond dans lequel nous nous enfoncions de plus en plus.

Et puis, tout au long de sa vie publique et à mesure que celle-ci se déroulait, Jésus a goûté au fruit amer de l'incompréhension, de la contestation, de la dérision, de la persécution, du rejet, de l'abandon, de la trahison, etc. À mesure que son message s'explicitait, il se radicalisait : des gens, des disciples y compris, le quittaient au point qu'un jour, après son fameux discours sur le « pain de vie » (*Jean 6*), Jésus sera amené à poser directement la question aux douze : « Vous aussi, vous voulez me quitter ? » (*v. 67*). Et puis, ce seront les affrontements avec des pharisiens, des maîtres de la Loi, des scribes. Ce sera la confrontation violente avec les vendeurs du Temple. Et ce seront encore les menaces de mort qui l'obligeront à fuir » jusqu'à ce que son Heure soit arrivée ».

Et enfin son Heure reste toute entière souffrance : il suffit de relire, et surtout de méditer, les récits de sa passion et de sa mort pour voir jusqu'à quel point le Christ est, lui aussi, allé au fond de la piscine. Jugé et condamné comme le criminel le plus vil, il va subir les avanies de trois juges, les calomnies de certains de ses compatriotes, le reniement de Pierre son homme de confiance, la trahison de Judas, l'abandon de l'équipe apostolique. Et même sur la croix, il lancera ce cri épouvantable: «Père, pourquoi m'as-tu abandonné?»

Il n'est pas possible d'aller plus profond dans la souffrance, de descendre plus creux dans la douleur, de couler plus à pic dans l'abîme. Jésus descend dans le plus profond de tous les bas-fonds... peut-être pour qu'en y remontant il accroche au passage tous les nôtres avec le sien et qu'en s'en sortant il nous en sorte du même coup!

Jésus le pauvre non seulement s'appauvrit («s'anéantit», dit saint Paul) mais il se fait appauvrir par les événements et les êtres humains auxquels il se soumet et s'abandonne.

«*J'ai crié jusqu'au matin.*»

Isaïe 38, 13

Lorsqu'on est au fond du gouffre, la prière qui monte du cœur jusqu'à Dieu est un cri. Cri de douleur, partagé entre l'espoir et le désespoir, entre la confiance et l'inquiétude, entre la révolte et la soumission.

C'est le cri du naufragé qui appelle au secours. C'est le cri du désespéré qui ne comprend pas ce qui lui arrive et qui lance au ciel: pourquoi? pourquoi cela? pourquoi moi? et qui pleure de rage ou de tristesse. C'est le cri du malade qui n'en peut plus et qui veut le faire savoir à la face du monde.

La prière qui devient cri est le dernier mot de celui qui ne peut plus s'appuyer sur ses propres forces ou même sur celles des autres, et qui doit s'en remettre exclusivement et totalement à un autre qui n'a qu'un nom: Dieu.

Elle se fait souvent au cœur d'un combat intérieur, solitaire et silencieux, mais vital.

ROSAIRE

Tout allait bien pour Rosaire, il avait une belle petite famille, un bon travail, une petite maison et il jouissait de la considération de tous ses voisins. Il remerciait le Seigneur tous les jours pour le «bon temps» qu'il avait.

Mais voilà qu'un jour une personne «jalouse» de son bonheur se mit à lancer des ragots sur son compte: il avait l'air bien, mais en réalité il avait une «double-vie», et patati et patata. Ces commentaires arrivèrent jusqu'aux oreilles de sa femme; Marie, qui aimait bien son mari, lui en parla directement. Rosaire eut beaucoup de peine de ces bobards qui étaient parvenus jusqu'à sa femme. Mais comme ils s'aimaient bien, après s'être parlé franchement, ils n'attachèrent pas d'importance à ces racontars et tournèrent la page.

Malheureusement, la «fumée» continua à se répandre jusqu'à la petite entreprise où travaillait Rosaire. Le patron, qui estimait Rosaire et qui d'habitude n'attachait pas d'importance aux commérages, en fut cette fois-ci très mal à l'aise. Si mal, qu'il finit par le congédier.

Rosaire se retrouva au chômage. Il chercha en vain du travail. La calomnie avait fait son travail. À la maison, il devint bougonneux, et passa son aigreur sur sa femme et ses enfants. Puis il se mit à noyer sa misère dans la boisson. Tout le monde devint soupçonneux et malheureux dans la famille.

C'est ainsi qu'une mauvaise langue défit le bonheur non seulement de Rosaire, mais aussi de sa famille. On était si bien avant...

MÉDÉRISE

Médérise filait sa vie de grand-mère bien tranquillement. Elle avait la visite de ses enfants et de ses petits-enfants régulièrement. Elle vivait toute seule dans sa grande maison depuis qu'Henri-Paul, son mari, l'avait quittée pour le ciel. Mais elle ne s'ennuyait pas: en plus de la visite de sa famille, elle s'occupait à toutes sortes de tâches, le ménage, la cuisine, etc. De plus, elle faisait un peu de bénévolat: elle tricotait des tuques, des chandails et des bas de laine pour les enfants pauvres de la paroisse et elle piquait des couvre-pieds que le «vestiaire» de l'église revendait ensuite pour les «bonnes œuvres». Enfin, elle avait toujours du temps pour «faire ses dévotions»: elle priait pour tout et pour tous. Elle était heureuse et vieillissait fort bien.

Mais voilà qu'un jour elle se mit à avoir une douleur dans le ventre. Elle se dit: «Ce n'est rien.» Mais la douleur persistait jour après jour. Elle alla consulter un docteur qui diagnostiqua une maladie sérieuse.

Médérise est à l'hôpital pour se faire soigner. Sa vie calme et régulière est défaite. Médérise, qui est la bonté même et qui croit dur comme fer à la «divine Providence», s'en remet au bon Dieu. Mais son cœur est inquiet et sa tête est traversée de pensées préoccupantes.

Elle offre sa souffrance au Seigneur; elle la lui a remise toute entière. Mais tout allait si bien...

3. QUAND LA VIE DEVIENT COMBAT...

« L'angoisse se répand
dans mon cœur:
tire-moi de ma détresse;
vois ma misère et ma peine. »

Psaume 25, 13-14

Chaque fois que nous avons à affronter un obstacle, un combat s'engage pour le vaincre. Le combat est d'autant plus féroce que l'obstacle est plus menaçant.

La lutte, toutefois, ne va pas toujours dans le sens d'une suppression de l'obstacle. Il arrive en effet que l'obstacle soit plus puissant que nous et que nous ne puissions le vaincre. C'est le cas, par exemple, d'une maladie mortelle, de situations indépendantes de notre volonté comme une inondation, un incendie, comme un ouragan, comme une guerre.

Bien sûr, nous faisons tout ce qui est en notre pouvoir pour supprimer l'obstacle: nous allons voir le médecin, nous construisons des abris, nous recourons à des protecteurs, etc. Non seulement nous le faisons, mais nous devons le faire; car autrement nous nous enfoncerions dans une sorte de fatalité qui n'aurait rien de chrétien ni même d'humain. Nous ne sommes pas en effet des marionnettes que le destin s'amuse à manipuler au gré de sa fantaisie. Et il est à ce propos une sorte de « résignation » qui, nous le savons, n'a rien d'évangélique.

Ceci dit, une fois que tous nos efforts sont faits, si l'obstacle demeure, quelle solution nous reste-t-il?

Le découragement? Le désespoir? La révolte? L'évasion dans toutes sortes de « paradis artificiels » pour oublier notre « réel » qui nous fait trop mal? l'alcool, la drogue, le jeu, les sédatifs, le travail jusqu'au surmenage? et quoi encore? Certains vont jusqu'au suicide, qui leur apparaît la seule solution valable et qui, pour les uns, est l'acte de courage suprême dans les circonstances, et pour les autres une lâcheté sans nom.

Il y a une autre solution, qui est celle de l'espérance contre toute espérance, de la confiance inébranlable malgré les apparences, c'est celle de l'abandon filial en Dieu. Elle n'est pas plus facile que les autres solutions et elle ne se gagne qu'au prix d'une lutte intérieure parfois très longue et très pénible. C'est peut-être ici que se joue le véritable combat intérieur, c'est là en tout cas que Jésus a lutté face aux grands obstacles de sa vie et qu'il a gagné, comme nous le verrons dans les pages qui suivent.

Le scénario de ce combat intérieur se ramène ordinairement à deux temps. D'abord, c'est l'appel à l'aide, la demande pour vaincre l'obstacle, la requête pour changer ou supprimer l'événement ou la situation qui nous blesse et nous tue lentement. Ensuite, c'est l'acceptation de la situation inchangeable et l'abandon de soi dans les mains de Dieu: au bout du compte, c'est notre cœur qui est changé au cœur de l'événement et petit à petit nous retrouvons la paix intérieure souvent en mieux, toujours en plus profond.

> « *Père,*
> *pourquoi m'as-tu lâché?...* »

Marc 15, 33

> « *En tes mains,*
> *je remets mon esprit.* »

Luc 23, 46

Jésus a connu de tels moments de lutte intense. Si l'on peut dire qu'en raison de sa mission sur terre, toute sa vie fut un combat, on peut toutefois identifier des situations particulières où il a eu à combattre des obstacles majeurs et où, finalement, c'est en s'appuyant sur son Père qu'il a gagné le combat. Toutefois, dans chacune de ces occasions, l'issue du combat a été unique. Examinons trois situations typiques en ce sens de la vie de Jésus.

D'abord, l'épisode de la *tentation au désert*. Jésus est au début de sa vie publique: il sait la redoutable tâche qui l'attend. Il s'en va au désert pour prier, pour se remplir de l'amour de son Père et pour «charger ses batteries» d'envoyé de Dieu au milieu du monde. «Pour y être tenté par Satan aussi», nous dit l'évangile. La tentation va devenir en fait, par la façon dont il la traite, non pas une diminution de ses forces, mais une occasion de s'ancrer davantage dans sa mission.

Jésus a été vraiment tenté. Le pouvoir, la domination, avec tout ce qu'ils offrent de fascinant, s'offraient à lui. L'avoir, avec tout ce qu'il apporte de facilité et de puissance, lui faisait signe. Le plaisir, avec tout ce qu'il a de grisant, lui clignait de l'œil.

Jésus a eu à lutter contre ces mirages que le Tentateur lui présentait. Les évangiles sont brefs sur la durée et la

dureté de la lutte. On sait toutefois qu'il resta au désert « quarante jours et quarante nuits ». Ce ne dut pas être facile.

Jésus gagna le combat en se réfugiant en Dieu et en s'appuyant sur sa Parole. Il trouva là un réconfort, mais aussi une force suffisante non seulement pour repousser la tentation, mais pour en sortir plus fort.

Ensuite, l'épisode de la *transfiguration sur la montagne*. On connaît bien l'événement: les vêtements blancs comme la neige, le visage lumineux comme le soleil, Moïse et Élie, les trois apôtres éblouis et réjouis de ce qu'ils voient et entendent.

Ce qu'on connaît moins bien peut-être, c'est le contexte de l'événement. C'est que le ministère de Jésus rencontrait de plus en plus d'obstacles: Jésus était de plus en plus confronté aux pharisiens, aux légistes et aux scribes; à mesure que sa prédication avançait, elle se radicalisait et posait aux gens des exigences de plus en plus grandes, au point que certains l'avaient quitté et que d'autres se posaient des questions. Bref, l'enthousiasme apostolique était à la baisse, le doute menaçait de s'emparer des esprits, la barque avançait de plus en plus péniblement.

Cette situation en mineur qui affectait l'équipe apostolique et en particulier Pierre, Jean et Jacques, avait par ricochet des retombées sur Jésus lui-même. En somme, ils avaient besoin d'un « petit remontant » pour vaincre l'obstacle de la dépression qui les gagnait, la tentation de la démobilisation qui les guettait.

Ce « remontant », ce ne fut pas d'abord de belles paroles encourageantes de la part de Jésus, ce ne fut pas non plus une exhortation à continuer malgré les obstacles, ce fut la Transfiguration. En voyant la gloire de Jésus, les apôtres virent la gloire qui les attendait, eux et ceux à qui ils annonceraient la Parole; ils comprirent qu'ils ne se trompaient pas en suivant Jésus. En entendant la voix du Père parler de son Fils bien-aimé et à son Fils bien-aimé, tous reçurent l'appui dont ils avaient besoin pour continuer la route. Tous furent confirmés dans leur mission; et, au lieu de se décourager et d'abandonner, ils poursuivirent leur travail d'évangélisation.

Enfin, l'épisode majeur de *la passion et de la mort de Jésus*. Tout au long de cet épisode, Jésus est en état de combat contre les forces qui s'acharnent contre lui et qui le dépassent. C'est peut-être au jardin de Gethsémani, au moment de son *agonie*, que ce combat, avant tout intérieur, apparaît dans sa plus grande acuité. Arrêtons-nous-y un instant.

Jésus voit venir sa passion, ses procès, ses tortures, sa mort sur la croix; il voit venir l'abandon des siens (même, sur la croix, l'abandon apparent de son Père), la trahison de Judas, le reniement de Pierre. Il en tremble de tous ses membres, il en frissonne de toute sa peau, il en sue de tous ses pores comme des caillots de sang, nous dit Luc l'évangéliste médecin, il « somatise » son angoisse, dirions-nous aujourd'hui. Il en prie aussi de toutes ses forces, car que faire de mieux devant ces événements qui le dépassent et qui échappent à son contrôle?

Sa prière comporte deux temps ou deux objets inséparables, aussi intimement noués entre eux que la nuit et la lumière le sont à chaque jour. D'abord, il demande « que ce calice s'éloigne » de lui: il supplie son Père de changer l'événement auquel il est confronté ou de le sortir de cette impasse où il est engouffré. Prière bien humaine, réflexe normal, réaction saine: on cherche toujours à se sortir d'une situation difficile.

Mais, voyant ou prévoyant que cela ne sera pas possible, il ne se révolte pas, il ne se décourage pas, il ne fuit pas l'événement. Bien au contraire, il y entre la tête basse mais le cœur confiant, abandonné entre les mains de son Père. Et alors sa prière devient: «Que ta volonté soit faite.»

Dès lors, il sait qu'il pourra traverser sa passion. Il se lève, va réveiller les trois apôtres endormis et se soumet au baiser de Judas le traître. On connaît la suite.

Mais c'est sur la *croix* que son combat atteint son point culminant. En proie sans doute à toutes sortes de sentiments et de doutes (colère, désespérance, inquiétude, etc.: Jésus atteint son «bas-fond»), il lance à son Père ce cri terrible: «Père, pourquoi m'as-tu abandonné?» Puis, il se ressaisit et d'abandonné il devient capable de s'abandonner: «Entre tes mains, je remets mon esprit», dit-il en un souffle.

Dès lors, sous des apparences de perdant, il sait qu'à travers sa nuit la lumière vient de poindre, il sait qu'à travers sa mort sa victoire est déjà acquise.

« Seigneur,
ne cache pas ta face
loin de moi... »

Psaume 102, 3

Quand la vie devient combat et surtout combat devant des forces plus grandes que soi, la prière devient d'abord: « Seigneur, viens m'aider, protège-moi, défends-moi, éloigne de moi le mal qui me tombe dessus, libère-moi de cette situation qui est en train de me faire mourir. »

Puis, s'il n'est pas possible de changer l'événement qui nous tombe dessus, dans des moments de révolte et de découragement bien souvent, au milieu de cris d'incompréhension et de dénuement, mais aussi au cœur de souffles d'espoir et de confiance, c'est petit à petit la remise de soi à Dieu, l'acceptation de son vécu, l'abandon de sa personne entre les mains du Seigneur qui seul peut nous sortir de notre impasse... mais autrement qu'on l'avait pensé ou souhaité... et toujours en mieux.

Prière de confiance, prière de foi, prière de combat; prière souvent essoufflée et souvent essoufflante, prière fatiguée et fatigante, prière tendue et tendante; prière finalement pacifiée et pacifiante, prière calmée et calmante; prière non de mort, mais de vie et de victoire.

«JE VAIS MOURIR?»

Il était hospitalisé depuis près de trois mois. Il souffrait d'un cancer au poumon qui peu à peu s'était «généralisé». Il était branché à toutes sortes de machines qui l'aidaient à moins souffrir et à mieux vivre ce qui lui restait de vie.

Tous les jours et toutes les nuits, ses enfants allaient lui tenir compagnie. Ils se relayaient à son chevet.

Un soir qu'il se trouvait seul avec sa fille aînée, il lui demanda: «Je vais mourir?» Elle lui répondit bien doucement: «Oui, papa, tu vas mourir!» Il lui dit: «Il n'y a pas moyen de faire autrement?» Elle lui répliqua: «Non, papa, les médecins ont épuisé toute leur science; ils ne peuvent plus rien pour toi.» Il cessa de parler et prit un bon dix minutes pour «digérer» les paroles de sa fille qui lui tenait tendrement la main. Puis il reprit: «Veux-tu, on va dire un Notre Père et un Je vous salue Marie ensemble.» Ils prièrent un peu tous les deux.

À partir de ce moment, il vécut dans une sérénité profonde et sa mort fut celle d'un enfant qui s'en va rejoindre son Père pour toujours.

4. QUAND LA VIE DEVIENT VICTOIRE...

> « *Votre tristesse*
> *se changera en joie.* »
>
> Jean 16, 20

Il nous est sans doute arrivé dans notre vie de traverser des heures, des jours pleins d'inquiétude et même d'angoisse profonde, de vivre des nuits très obscures, et puis, un beau jour, d'en être sortis dans la lumière et dans la paix. Et surtout d'en être sortis grandis.

Il faut souvent aller jusqu'au fond de la piscine pour être capable d'en remonter avec un bon coup de jarret ou avec la main tendue d'un ami, ou avec les deux. Nous connaissons peut-être l'expérience des Alcooliques Anonymes qui, étant parvenus au « bas-fond » le plus creux, « font le ménage » et « repartent à zéro » vers une nouvelle vie: c'est presque une seconde naissance.

Les cultivateurs et les jardiniers savent qu'il n'est pas possible à la graine de semence de se reproduire, de porter du fruit, sans se désagréger, sans pourrir et mourir dans le sol. Alors, et alors seulement, elle devient capable de montrer toute sa générosité et sa fécondité.

Les gens ne sont plus les mêmes après une grande épreuve, après une lourde maladie, la perte d'un être cher, un échec cuisant, une calomnie douloureuse, une inimitié persistante, et quoi encore? Si certains se sont enfoncés dans la révolte, combien d'autres ont gagné en maturité, en sagesse, en tolérance, en bonté, en charité? Cela n'a pas été facile: ils ont eu à lutter d'abord contre eux-mêmes, comme nous l'avons vu précédemment, mais ils ont gagné. La vie en eux s'est épanouie en beauté et en fécondité.

Ceci n'est pas un plaidoyer en faveur des épreuves pour que nous en sortions grandis, ce qui serait carrément stupide. Ceci est un plaidoyer pour que nous trouvions et donnions un sens à nos épreuves, à nos petites et moins petites morts quotidiennes, quand elles nous tombent dessus.

Et surtout pour que nous nous préparions ainsi à la grande épreuve que sera notre mort. Car, il ne faut point se le cacher, nous y arriverons tous un jour. Comment faire de notre mort un moment suprême de vie? Comment faire que notre mort ne soit pas un point final, mais un nouveau départ? Grâce à Jésus qui nous a précédés dans la mort et dans la vie pour toujours, cela est possible, que dis-je, cela est certain.

Et alors, notre désespérance devient espérance, notre tristesse se change en joie, notre douleur est peu de chose comparée au bonheur immense qui nous attend. Le grain de blé que nous sommes devient capable de porter du fruit jusqu'en vie éternelle!

> *« Je suis la résurrection et la vie:*
> *qui croit en moi,*
> *même s'il est mort,*
> *vivra. »*

Jean 11, 25

Quand Jésus est descendu de la croix et déposé dans le tombeau de Joseph d'Armathie, il semble bien que tout est fini. Le beau rêve d'un monde plein d'amour semble s'être évanoui avec la pierre roulée devant le sépulcre du Maître.

Il est vrai qu'il avait prédit non seulement sa mort mais aussi sa résurrection, qu'il avait dit qu'il reviendrait après sa mort, qu'il précéderait ses disciples en Galilée, mais qui y croyait vraiment? Les disciples d'Emmaüs avaient le pas lent et la mine basse quand ils firent la rencontre de cet étranger sur leur chemin: «Nous espérions...», lui dirent-ils. Quant aux autres, ils s'étaient réfugiés dans le Cénacle par crainte des autorités, et ils étaient dans une attente vague et inquiète.

Quand le grain de blé se décompose dans la terre, rien n'annonce l'explosion de vie qu'il est en train de préparer. Au contraire, c'est plutôt la détérioration de la vie qui saute aux yeux. Et pourtant...

Par son passage à travers la destruction de son corps, par son ensevelissement, et surtout par la puissance de vie que le Père lui donne, Jésus est vainqueur de la mort, non seulement de la sienne mais aussi de la nôtre. Il est vivant pour toujours et il devient capable de faire de nous des vivants pour toujours.

De cette vérité première de notre foi et certainement la plus grande, nous pouvons tirer un important enseignement, entre autres. C'est grâce au mystère pascal de Jésus, c'est-à-dire son passage de la mort à la vie pour toujours, que nous devenons capables, nous aussi, de passer de la mort à la vie: «Je crois que mon rédempteur est vivant et qu'à la fin il se dressera sur la poussière des morts; et alors, avec mon corps je me tiendai debout et je verrai mon Dieu avec mes yeux de chair», affirmait déjà Job (*Job 19, 25-26*).

> *« Espère en Dieu,*
> *ô mon âme.*
> *Je rendrai grâce à nouveau :*
> *il est mon sauveur et mon Dieu. »*

Psaume 42, 6

La prière de la vie qui s'épanouit en victoire est, bien sûr, d'abord une prière de louange et d'action de grâce pour ce Dieu qui nous donne son Fils. Un Fils capable, par son existence pascale, de nous entraîner dans son sillage et de nous attirer jusqu'à lui (*Jean 12, 32*), pour toujours.

Mais c'est aussi, curieusement et inévitablement, une prière de demande. Nous demandons à Dieu de nous donner et de nous garder la force de maintenir le cap sur lui coûte que coûte au milieu des souffrances et des épreuves de la mort. Nous lui demandons de nous donner la lumière pour éclairer notre foi, la force pour soutenir notre espérance et l'amour pour soutenir notre charité, au cœur de tout ce que nous vivons.

«DONNEZ-MOI LA MAIN!»

Elle était venue à la mer. Histoire de respirer l'air iodé et de prendre un peu de soleil. Elle s'avisa d'entrer dans l'eau salée. Tout alla bien tant qu'elle s'avançait dans la mer : l'eau lui venait à la taille et elle s'appuyait fermement sur le roc du fond.

Mais les difficultés commencèrent pour elle quand elle voulut regagner la rive. Dans son aller au large, elle n'avait pas remarqué que la vague avait creusé une tranchée profonde à une quinzaine de pieds du rivage. Le malheur, c'est que ses jambes n'avaient pas assez de force pour franchir le remblais que la nature avait fabriqué. Elle fit bien quelques tentatives mais sans succès.

Elle se mit à paniquer. La peur la prit au cœur. Et ses forces commencèrent à la quitter. Vint à passer un homme dans la force de l'âge. Elle lui cria: «Donnez-moi la main. La vague est trop forte et le trou est trop profond. Je ne suis pas capable d'avancer...» L'homme s'approcha d'elle et lui tendit une main aussi sûre que secourable. Il n'eut aucune difficulté à la tirer de sa fâcheuse situation.

Elle lui dit des larmes dans les yeux: «Merci beaucoup, monsieur. Vous m'avez sauvé la vie.»

MARC-OLIVIER

C'était un petit dur. Il n'y avait presque rien ni personne à son épreuve. Quand les paroles ne suffisaient pas, il utilisait les poings et les pieds et même son couteau. Il avait fait plusieurs séjours à la prison locale. Chaque fois qu'il y entrait, les gens disaient: «Ce n'est pas un cadeau, ce Marc-Olivier.» De fait, tout le monde le redoutait. Une espèce de petit tigre!

Quand on connaissait son histoire, on comprenait un peu son «profil psychologique». Né d'un père alcoolique et d'une mère cleptomane, il avait appris à voler, à sacrer et à boire quasiment en même temps qu'à marcher. Son passage à l'école avait été très réduit: il savait à peine lire et écrire. Pour vivre, ou plutôt pour survivre, il avait bien vite appris à se défendre et à se débrouiller par tous les moyens possibles.

221

Mais, comme il arrive souvent que la vie est un beau clair-obscur, c'était un grand priant. Il ne se couchait jamais sans dire sa prière. Il avait la foi de sa mère. En prison, il venait à la messe tous les dimanches: «J'ai le temps ici... dehors j'opère, tu comprends!»

Il ne s'aimait pas. Il n'aimait pas sa vie. Mais «il faut ce qu'il faut», disait-il d'une manière un peu fataliste. Il ne voyait vraiment ni le jour où il se sortirait de sa situation pénible, ni la manière d'y parvenir.

Pourtant, il surprit tout le monde, un jour, en se présentant de lui-même dans une maison de désintoxication. Il était «tanné de vivre avec de la cocaïne dans le sang». Il y rencontra Pierre, un conseiller qui s'occupa de lui comme de son petit frère. Ce fut sa planche de salut.

Aujourd'hui Marc-Olivier ne boit plus, ne «sniffe» plus, ne fume plus. Il sacre de moins en moins. Il a fini par se trouver du travail. Il a un petit appartement. Il est devenu presque aussi doux qu'un agneau.

Il dit lui-même qu'il est «ressuscité», qu'il est «entré dans une nouvelle vie», qu'il ne «se reconnaît plus lui-même». Et il est heureux comme ce n'est pas possible.

CINQUIÈME PARTIE

UN APPRENTISSAGE JAMAIS TERMINÉ

*« Mettez-vous
à mon école. »*

Matthieu 11, 29

Un idéal évangélique proposé

« Je vous ai donné l'exemple... »

Jean 13, 15

Les pages qui précèdent ont proposé un idéal à atteindre, un idéal évangélique. Il tient en trois chemins que nous avons nommés le Christ des évangiles, le Christ actuel et le Christ pascal.

Selon notre tempérament, notre éducation ou notre histoire personnelle, c'est l'un ou l'autre chemin qui nous attirera, peut-être deux ou peut-être même les trois. À telle période de notre vie, notre choix pourra se modifier. Il peut même arriver que nous ne soyons attirés que par un ou deux traits d'un chemin (par exemple une seule adresse du Christ actuel).

Cet idéal évangélique, c'est un peu comme une étoile polaire qui nous indique la direction à prendre, le but à atteindre, l'objectif à accomplir.

L'important n'est pas d'atteindre l'étoile qui nous apparaîtra souvent comme inaccessible. Peut-être, en effet, ne l'atteindrons-nous jamais. Ce qui importe, c'est de nous mettre en route, d'emprunter les chemins où nous sommes sûrs de rencontrer le Christ.

Pratiquer...

Pour cela, il importe de « pratiquer ».

Il ne suffit pas en effet de lire — ou d'écrire — sur ce sujet. Il ne suffit pas d'écouter des conférences — ou d'en donner — sur la question. Il faut pratiquer.

C'est un peu comme pour apprendre la natation ou la bicyclette. Il ne viendrait à l'idée de personne de s'imaginer qu'il va savoir nager ou pédaler rien qu'à dévorer des livres ou des conférences sur ces questions. Il faut en plus plonger dans la piscine ou enfourcher le vélo.

Je propose donc des ateliers d'apprentissage de la rencontre du Seigneur. Par exemple, s'exercer à développer ses réflexes de foi pour découvrir le Christ en soi, dans les pauvres, dans l'Eucharistie. S'exercer à aimer tout le monde, et en particulier les pauvres et les pécheurs. S'habituer à unir sa croix à la croix du Christ. Etc.

Ce n'est pas si compliqué que cela. Il s'agit d'y penser et de pratiquer. Comme pour la natation ou la bicyclette ! Un peu, et un peu plus chaque jour !

Et bon apprentissage !

Et alors...

Et alors, de jour en jour, nous vivrons de plus en plus dans la compagnie de Jésus.

Et alors, nous demeurerons en lui et lui demeurera en nous, si bien que, selon le mot de saint Paul, ce ne sera plus nous qui vivrons, mais c'est Jésus qui vivra en nous (*Galates 2, 20*).

Et alors, nous serons comme «un bel arbre planté au bord du ruisseau, qui donne du fruit en son temps et dont le feuillage ne se flétrit jamais» (*Psaume 1, 3*). Nous serons féconds, comme le Seigneur nous a demandé de l'être et comme il nous a donné les moyens de l'être (*Jean 15*).

CONCLUSION

Un goût d'évangile

À travers les pages de ce livre,
nous avons contemplé Jésus
pour mieux entrer en contact avec lui.

Nous l'avons fait par différents chemins,
mais c'est toujours sur la « bonne terre » de l'évangile
que nous avons posé nos pas.

L'évangile, c'est en effet une bien bonne terre.
Plus tu la foules,
plus tu y vois des paysages variés,
plus tu y découvres des fleurs différentes,
plus tu y cueilles des fruits nourrissants,
qui t'aident à grandir et à aller jusqu'au bout de toi.
L'évangile, c'est comme une bonne eau de source.
Tu t'y arrêtes souvent pour te désaltérer,
pour te rafraîchir le visage
ou simplement pour écouter sa musique légère
et discrète.
Et à chaque fois,
tu en sors plus en paix,
plus en joie,
plus en foi et espérance.

Je te souhaite un pied de bon marcheur
au pays de Jésus
et une grande soif
à la source de l'évangile.

En goûtant à lévangile,
tu goûteras à Jésus lui-même.
Et tu verras comme ça goûte bon...
si bon que tu ne pourras plus t'en passer !

La statue et la mer

Il était une fois une statue de sel
qui voulait voir la mer.
La mer, qu'elle s'était fait raconter bien souvent
par d'autres statues voyageuses,
exerçait sur elle
une attraction invincible,
une véritable fascination.

Un jour,
n'y tenant plus,
la statue se mit en marche,
résolument,
vers l'immense étendue d'eau salée.

Parvenue sur la plage,
elle trempa doucement les pieds
dans l'eau du rivage.
Mais la vague qui s'avançait
ne tarda pas à lui lécher les genoux
en guise de bonjour
et le ressac la poussa plus loin
sur les flots aux reflets d'argent.

Que c'était beau!
et comme elle était bien!

Sans trop s'en rendre compte,
à force de contempler cette grande dame,
notre statue se retrouva dans l'eau jusqu'à la ceinture.
Mais quelle ne fut pas sa surprise
de constater
qu'à mesure qu'elle s'enfonçait dans l'onde
elle fondait:
son sel se diluait et se mêlait au sel de la mer.

Impossible désormais de reculer,
de revenir en arrière:
elle n'avait plus de pieds,
plus de jambes,
bientôt plus de bassin.
Mais ce qui la renversait,
c'est qu'elle s'en trouvait bien.
Elle continua donc à avancer
toute heureuse de se perdre
dans cet univers aquatique.
Vint un moment
où on ne la vit plus du tout.
Non pas qu'elle était très éloignée de la rive,
c'était plutôt qu'elle était confondue
entièrement avec la mer elle-même.

Était-ce la mer
qui s'était répandue en elle?
Ou était-ce elle
qui s'était perdue dans la mer?
On ne sait pas.
Tout ce que l'on sait,
c'est qu'on ne la revit jamais
ou plutôt
c'est qu'on la voyait sans la voir
chaque fois qu'on regardait la mer.

PETITE BIBLIOGRAPHIE

Léonardo BOFF, *Le Notre Père*, Cerf-Bellarmin, 1988.

Bernard LAMBERT, *L'aube nouvelle*, Anne Sigier, 1988.

Éloi LECLERC, *Le Royaume caché*, Desclée de Brouwer, 1987.

Alain PATIN, *Celui qu'on appelle Jésus*, Novalis, 1979.

André SÈVE, *Avec Jésus qu'est-ce que tu vis?*, Centurion, 1978.

DU MÊME AUTEUR

Chez Novalis

    Le Seigneur m'invite à son repas

Chez Fides

    Tu nous as tant à cœur!

Aux Éditions du Levain

    Choisis donc d'aimer!
    Tu me prends par la main
    Choisis donc de prier!
    Quatre saisons pour prier (*en collaboration*)
    Priez sans cesse
    Ah! qu'il est bon, le bon Dieu!
    Que c'est bon la vie!
    Je marcherai avec toi...

Aux Éditions Paulines

    Comme brise légère
    Je prie comme je peux
    Priez comme vous voulez, mais priez!
    Seigneur, je sais bien que tu m'aimes
    L'Église de chez nous

TABLE DES MATIÈRES

Troisième partie

LE CHRIST ACTUEL

Achevé d'imprimer sur les presses de
Metrolitho inc. – Sherbrooke
le quatrième trimestre mil neuf cent quatre-vingt-dix

Imprimé au Canada — Printed in Canada